U1018584

劳动预备制教材
职业培训教材

交际礼仪

（第三版）

人力资源和社会保障部教材办公室组织编写

中国劳动社会保障出版社

图书在版编目(CIP)数据

交际礼仪/黄激主编. —3版. —北京：中国劳动社会保障出版社，2017
劳动预备制教材　职业培训教材
ISBN 978-7-5167-3058-4

Ⅰ.①交…　Ⅱ.①黄…　Ⅲ.①社交礼仪-职业培训-教材　Ⅳ.①C912

中国版本图书馆CIP数据核字(2017)第143717号

中国劳动社会保障出版社出版发行

（北京市惠新东街1号　邮政编码：100029）

*

三河市华骏印务包装有限公司印刷装订　新华书店经销

787毫米×960毫米　16开本　7.5印张　135千字

2017年7月第3版　2021年8月第8次印刷

定价：16.00元

读者服务部电话:(010)64929211/84209101/64921644

营销中心电话:(010)64962347

出版社网址:http://www.class.com.cn

再版说明

全国劳动预备制培训教材公共课（试用）自 1997 年问世以来历时近二十年。在这近二十年中，这套教材最初在劳动预备制试点城市试用，后来推向全国，在使用过程中受到用书单位的好评，为推动劳动预备制培训和职业技能培训工作发挥了积极的作用。

近二十年来，劳动预备制度有了很大的发展。2007 年 8 月全国人大常委会审议通过的《就业促进法》，明确规定国家采取措施建立劳动预备制度，以法律形式将劳动预备制度确定下来。随着劳动预备制培训工作的逐步推进，作为教育培训重要基础的教材建设也有了长足的进步。目前，全国劳动预备制教材已形成包括 10 门公共课程和近百种专业技能课程的较为完整的体系。为了进一步完善教材内容，我们从 2010 年起对 10 本公共课教材进行再次修改。

现代礼仪是人们在社会交往活动中形成的表达尊敬的行为规范与准则，具体表现为礼貌、礼节、礼品、仪式、仪表等。它有助于提高人们的自身修养，有助于人们美化自身、美化生活，有助于和谐人际关系，有助于职场事业发展，有助于社会文明进步。

《交际礼仪（第三版）》是为适应劳动预备制培训要求所作的再次修订。主要做了如下工作：一是结合实际培训需要，对全书内容进行了整合，对全书结构进行了重构，重新编写了部分内容；二是选用更多职场的镜头，采用了一种新的教材体例，并根据教学规律，设计了贴近实际的教学方法和课后训练，融知识性、趣味性、教学性和实践性于一体，通过品鉴、学习、思考、体验的过程，引导学员在预备迈向职场的过程中，提升文明礼仪、人文品质的修养。

本次再版由黄激主编，常灯铭、余新利、皇甫志芬、赵坚参编。

人力资源和社会保障部教材办公室

目录

第一章　礼 仪 概 述

镜头一：

2016 年 G20 峰会主会场——杭州国际博览中心已对外开放半月有余，成为来杭游客最青睐的景点之一，大家都想去体验一下峰会集团领导人走过的路。可在此期间，工作人员遇到不少不文明的行为：主会场的提示牌上明明写着“请勿触摸”，不少人却喜欢去摸四周的木雕、领导人坐过的椅子、门上的玉石；二楼餐厅区，有些游客吃完饭竟然在餐桌上打起了扑克；屋顶花园的长廊凳子上，有些游客脱了鞋子睡觉；一位小男孩蹲在接见厅外过厅的红地毯上小便，而孩子的家长就站在孩子的身边……

镜头二：

一天，伦敦的一家餐馆来了一群中国客人，老板安排了一位中国服务员为他们服务。服务员向他们介绍了一些英国菜，他们不问价格一下子点了几十道，尽管服务员提醒他们吃不完，而且价格不菲，但他们并不在乎。点菜完毕，他们开始四处拍照：

和女服务员合影、与邻桌的客人合影，甚至跑到门外的一辆高级轿车前频频留影。用餐时刀叉的声音、杯盘撞击的声音、咀嚼食物的声音、大声说笑的声音不绝于耳，桌上杯盘狼藉，地毯上到处是油渍和污秽。其他客人向店方提出抗议……

上述两个案例发人深思，生于“礼仪之邦”的我们，发生这些不讲文明的行为，虽然为少数人的个案，但却说明在当今社会，增强国民文明素质，提升民众礼仪文化修养十分必要，刻不容缓。

第一讲　礼仪基本知识

故事品鉴

习近平总书记视察广东时，轻车简从，所乘车辆在市区通过时不封路，没有交通管制。其中有一个细节耐人寻味：在行驶过程中，总书记的车三次被后面的群众超车。一次，有一辆车窜上来，差一点就追尾了，总书记告诉司机“让群众先过”。“让群众先过”，总书记一句平实的话语，传递出的信息却十分丰富。总书记此行，前面只有一辆警车，并且不亮警灯，紧随其后的是三辆中巴车，一路不张扬，很低调。

点评

身为总书记，习近平同志没有高高在上，而是急群众之所急，主动礼让；带头严格自律，切实发挥表率作用，努力以模范行为和人格魅力树立领导者的形象。这体现的是中华民族礼仪之邦崇尚礼仪的风范，蕴藏了平等、宽容、遵守、自律、真诚的礼仪内涵。

我国是具有悠久历史的文明古国，素有“礼仪之邦”的美誉。早在两千多年前，礼仪就已成为协调人际关系、维护社会稳定的基础。礼仪是一切文明民族的主要标志之一。

一、礼仪的起源和发展

1. 礼仪的起源

人类的产生必然会伴随着人与人之间的交往，而人与人之间的交往过程又必然会产生对交往行为的规范。因而，自从人类进入原始社会之后，在群体之中就有了礼仪的萌芽。

> 提示
>
> 社会生产力的发展和生产方式的进步，使人们认识到交往模式和交往规范的重要性。礼仪正是这样逐步地演化为人类社会交往活动的行为规范和准则。

（1）对神灵的敬畏。原始社会生产力水平和人的思维水平处在极低的状态，对自然界中各种各样的现象无法解释，只能把“天”和“神”当作人类的主宰，并加以崇拜。人们用一些当时最好的食品和器具作为祭祀的贡品，以表示他们对神灵、祖先的敬畏，祈求神灵、祖先的保佑。这种祭祀活动是礼仪的萌芽。

（2）对家庭成员的规范。做父母的要抚养、教育尚不能独立生活的子女；子女长大成人之后，要赡养年老的父母；兄弟姐妹之间也要互相关爱。尧舜之时，对家庭成员之间的关系作出了明确的规定，即父义、母慈、兄友、弟恭、子孝。这时，礼仪把家庭成员的言谈举止规范化了。

（3）人们交往沟通的需要。在社会活动中，人类逐步形成了最初级、最原始的礼仪。在狩猎、耕种和部落之间的争斗中，同一群体中的人要不断地用眼神、点头、拉手来示意互相之间如何配合。在日常生活中，人们不自觉地用击掌、拥抱、拍手来表达快乐的情绪，人们之间这种相互的呼应、模仿，逐步形成一种习俗，这便是最初待人接物的礼仪。

（4）维系等级差别的需要。随着社会的发展，人们在生产和生活中的分工越来越细，产生了发号施令的领导者和听从指挥的被领导者，于是就出现了尊卑有序、男女有别的等级差别。每当大家聚会席地而坐时，就逐渐有了一定的座次。这些都不断为礼仪增添新的内容。

2. 礼仪的发展

> 提示
>
> 在礼仪的发展期，影响最深远的是“三纲五常”。“三纲”，即“君为臣纲、父为子纲、夫为妻纲”，“五常”，即“仁、义、礼、智、信”。这些礼仪，对拥护封建统治的宗法制度，巩固封建秩序，起到了非常重要的作用。

（1）礼仪的初始期（约公元前 21 世纪—公元前 771 年）。主要是指我国的夏、商、周时期，我国周朝的“礼”已相当完善，从单纯的祭祀天地祖先的形式，进入了全面制约人类行为的领域，并渗透到社会生活的方方面面。

这一时期礼仪主要体现在《周礼》中的“五礼”部分，即“吉礼”“凶礼”“宾礼”“军礼”“嘉礼”，这些礼仪的内容对后世人们的行为规范、人际交往和社会公德的形成都产生了极大的影响。

（2）礼仪的发展期（公元前 771 年—1911 年）。指从儒学产生到封建礼仪的形成、强化和衰弱时期。以孔子学说为核心的儒家思想，对礼仪的起源、本质及功能进行理论阐述和研究，并将礼仪道德化，既而形成了以“仁孝”为理念的礼教，长期统治中国封建社会的思想领域，对中国文化产生了深刻的影响。

（3）礼仪的改革期（1911 年—1948 年）。辛亥革命的胜利结束了两千多年的封建统治。政治制度的根本改变，引发了一场封建礼教的改革热潮。这一时期的礼仪主要受资产阶级平等、博爱的思想和文化习俗、审美观念的影响，体现了民族、自由、平等的原则，同时又借鉴和吸收了适合中国国情的西方礼仪之长，顺应了社会和世界潮流的发展，有力地促进了中国和世界各民族的友好往来。

这一时期，由西方传入中国的握手礼开始流行于上层社会，后逐渐普及民间。

（4）礼仪的新生期（1949 年至今）。新中国成立后，随着新型社会和人际关系的确立，我国礼仪进入了一个崭新的历史时期。特别是党的十一届三中全会明确指出将工作重心转移到以经济建设为中心的社会主义现代化建设上来之后，礼仪在我国的经济发展、社会繁荣、国际交往与合作以及构建社会主义和谐社会洪流中都发挥着重要作用。礼仪正向着内容日趋简化、运用日益国际化、内涵逐步科学化和民族化的方向健康发展。

这一时期，尊老爱幼、讲究信义、以诚待人、先人后己、礼尚往来等中国传统礼仪中的精华，得到继承和发扬。

相关链接

“礼仪之邦”起源

礼仪之邦的起源，要追溯到西周的开国之初。夏、商朝，中国进入青铜器时代。当时的物质文明已经非常发达，但在精神文明方面却十分匮乏。商王非常残暴，因而不得人心。到了商纣王的时候，民众的不满达到极点。

周国不过是偏处于西北地区的一个小国，它的国力与商是不能比的。但是周文王懂得要用“德”来收揽人心，所以许多小国都愿意归顺它。在“牧野之战”的时候，商王调集了七十万人上阵，结果是前途倒戈，士兵在阵前起义。这场战争很快就结束了。

在这个过程中，周文王与武王看到了民众的伟大力量，意识到以后的统治不能再信什么天命，而要重视民心的背向，要考虑到民众的感受。意识到这点，周文王在《酒诰》中引用先人的话，“人无于水鉴，当于民鉴”。这是一个非常了不起的思想，后来成为我国古代民本思想的一个主旋律。

周公制定了一整套礼乐制度，史称“周公制礼作乐”，使中国实现了由鬼道向人道的伟大飞跃，这是具有划时代意义的伟大事件。可见，中国在西周的时候已经进入了“人本主义时代”。在全世界范围，中国是最早出现民本主义思想的地区之一，而且有着非常成熟的思想体系。

二、礼仪的含义、特征

1. 礼仪的含义

“礼仪”一词，在中国古代的《诗经》和《礼记》中都有记载。随着社会的发展和时间的推移，“礼仪”的含义也在不断的发生变化。现代礼仪作为社会等级制度、典章制度的功能弱化了，而规范、促进人们社会交往的功能加强了。这里，我们把礼仪定义为：人类在社会交往活动中形成的表示尊敬的行为规范与准则，具体表现为礼貌、礼节、礼品、仪式、仪表等。

（1）礼貌。礼貌是指人们在相互交往过程中表示敬重、友好的行为规范。礼貌属于社会公德的核心内容，也是公民道德的基本规范。礼貌比较侧重内在修养，以不损害他人利益为前提，要求尊重对方、承认肯定对方并尊重对方的人格。

（2）礼节。礼节是在交际场合相互表示尊敬、祝贺、问候、致意、哀悼、慰问以及给予必要协助和照料时的形式。礼节是内在美的一种外化，是礼仪的外在表现形式，是表达对对方尊重和友好的形式。

（3）礼品。礼品是指为表达敬意或寄托情意或具有特定含义的物品。例如，交往时赠送的锦旗、勋章、贺卡、纪念品等。

（4）仪表。仪表是礼仪在个人形象的外在体现，包括仪容、服饰、仪态、形体语言等，可以表现人的精神状态和文明程度。

（5）仪式。仪式是交际活动中按礼宾要求，用特定的程序、方式等表达礼仪的过程。日常生活中的仪式如婚礼、丧礼、成人礼等，公务活动中的仪式如开业、升旗、剪彩、签字等。仪式是社交活动的重要内容。

2. 礼仪的特征

（1）普遍性。礼仪是社会各阶层人士所共同遵守的准则与行为规范。每个人都要依礼办事，世界上不管哪个国家、哪个民族都以讲礼仪为荣。

如今礼仪被人们广泛地运用于各种场合，可以说礼仪无处不在。大至政治、经济、文化领域，小至个人衣食住行，只要存在人际交往，礼仪就会作为一种不可缺少、不可逾越的行为规范被普遍地遵循着。

（2）规范性。礼仪是一种规范，是人们在长期反复的生活实践中形成的，并通过某种风俗、习惯和传统的方式固定下来。这种规范性约束着人们在一切交际场合的言谈举止，因而礼仪成为交际场合必须采用的一种“通用语言”，衡量他人和判断自己是否自律、敬人的一种尺度。

礼仪是约定俗成的一种自尊、敬人的惯用形式。任何人要想在交际场合表现得合乎礼仪，都必须对礼仪无条件地加以遵守。

（3）继承性。礼仪是一个国家、民族传统文化的组成部分。每一个民族的礼仪文化，都是在本民族固有传统文化的基础上，通过不断吸收其他民族的礼仪文化而发展起来的。

中华民族修礼、崇礼、习礼的传统美德，深深地融入现代礼仪之中，约束和规范着现代人的行为。礼仪将人们在长期生活及交往中的习惯、准则固定并沿袭下来。

> **提示**
>
> 人们对流传下来的礼仪规范应采取汲取精华、去其糟粕，古为今用的态度。

（4）发展性。历史是发展的，礼仪在传承过程中由于社会环境和人们生活方式的不同，也会发生相应的改变。每一时代的礼仪都是根据流传下来的已有的礼仪方式，加入适合时代与人们需要的新内涵，从而形成新时代的礼仪。

礼仪不仅是继承性的，更是发展性的。人们应当选择与时代和生活习惯等相符合的礼仪方式，继承中创新，使礼仪更具有灵活的适应性，更能得到大多数人的认可和欢迎。

（5）差异性。礼仪作为一种行为准则和规范是约定俗成的，这是各民族礼仪文化的一个共性。但其具体运用，则会因现实条件的不同而呈现差异性。这主要表现为，同一礼仪形式常常会因时间、地点和环境的不同而使其意义出现差异。

礼仪的差异性，还表现为民族差异性、国家差异性和区域差异性。

相关链接

国际交往：右尊左卑

按国际惯例，最基本的规则是右高左低，即以右为上、以左为下，以右为尊、以左为卑。此项原则适合于以下几个场合，在涉外交往中要特别注意。

第一，行走、站立、就座时，国际上的一般礼节为：主人居左，客人居右；男士居左，女士居右；晚辈居左，长辈居右；未婚者居左，已婚者居右；职位、身份低者居左，职位、身份高者居右。

第二，去外宾下榻的酒店接待拜访外宾，就座时外宾居右，拜访者居左。

第三，国际会议主席台上的排列，也要讲究以右为尊。就连发言者所使用的讲台也须位于主席台的右前方，这是给予发言者的一种礼遇。在排列涉外宴会的桌位、席次时，同样必须遵循以右为尊的原则。

第四，乘坐轿车时，通常以后排右座为第一顺序座，应请尊长或贵宾就座。接下来的第二、第三顺序座分别为后排左座，后排中座。

第五，悬挂国旗时必须依照以右为尊的原则：并排悬挂两国国旗时，按惯例应以国旗自身面向为准，右边悬挂来访国的国旗，左边悬挂东道国国旗；需同时悬挂多国国旗时，应以自身面向为准，越往右侧悬挂的国旗，被给予的礼遇就越高。在确定各国国旗的具体位次时，一般的做法是按照各国国名的拉丁字母的先后顺序而定。在悬挂东道主国的国旗时，也可以将其悬挂在最左侧，以示谦恭之意。

三、现代礼仪的原则和作用

1. 现代礼仪的原则

明确礼仪原则是人们正确运用礼仪的基础。礼仪的基本原则包括下面七个方面。

（1）平等。平等是良好人际交往的前提。首先，平等指的是在与不同的人交往时应该平等相待，做到一视同仁，不能因为交往对象在年龄、性别、种族、文化、职业、身份、地位、财富以及与自己的关系亲疏远近而有所不同。其次，平等指的是要平等地对待自己和他人，把自尊和尊重他人有机地结合起来。现实生活中，每个人都希望得到别人的尊重，只有自己尊重自己，才能赢得别人的尊重。

平等原则要求人们在交往的过程中要学会将心比心、换位思考，正如孔子所说，“己所不欲，勿施于人”。只有平等对待所有人，才能换取别人对自己的平等相待。

（2）宽容。宽容是一种美德。在人际交往中，人与人沟通的是思想感情，但是由于交往中的每个人都有着各自的生活环境和文化背景，难免会产生磨擦，这就需要求同存异，相互包容。

所谓宽容，就是心胸宽广，忍耐性强，对非原则性的问题不斤斤计较，能够以德报怨。宽容包括以下几个方面的要求：其一，要宽厚待人，不要过分挑剔；其二，在与他人发生矛盾时，要有宽广的胸襟，豁达的气量，允许别人有不同的意见；其三，容许他人有过错，尤其是对于那些反对过自己并被事实证明已犯了错误的人，也要有宽广的胸怀；其四，要有仁爱之心，多为他人着想。

宽容原则要求人们在运用礼仪时，既要严于律己，更要宽以待人。要多容忍他人、体谅他人、理解他人，而不该求全责备、斤斤计较、过分苛求乃至咄咄逼人。

（3）遵守。礼仪是人类在社会交往活动中形成的表示尊敬的行为规范与准则，人们有责任和义务自觉、自愿地遵守，以礼仪指导和约束自己的言谈举止。

（4）自律。礼仪的自律原则强调的是交往个体要自我要求、自我约束、自我控制、自我对照、自我反省、自我检点。在人际交往中，行动上不要出格，仪态上不要失态，言语上不要失语。《论语·颜渊》中强调人要自我约束，“非礼勿视，非礼勿听，非礼勿言，非礼勿动”。

（5）真诚。“著诚去伪，礼之经也”，真诚是礼仪的真谛。礼仪应该是对人发自内心的尊重、关心和爱护，并用自然得体的言行表达出来的行为。真诚的原则要求人们在交往中要以诚相待，言行一致、表里如一，而不要弄虚作假、言行不一、口是心非。

（6）适度。适度原则要求运用礼仪时，必须掌握技巧，把握分寸，做到适度得体。比如在交往过程中，要彬彬有礼，热情大方，要自尊不要自负，要坦诚不要虚伪，要相信别人但不要轻信，要活泼但不要轻浮。在接待服务中，要热情友好、谦虚谨慎、尊重客人，又要自尊自爱、端庄稳重、不卑不亢。

（7）从俗。礼源于俗。《礼记·曲礼上》写道：“入境而问禁，入国而问俗，入门而问讳。”这是古代人们交往时应遵循的一个原则，现代社会同样适用。不同国家、不同民族文化背景不同，礼仪习俗也不同，这就要求人们要了解并遵守这些习俗，做到入境问俗，入乡随俗。尤其是在国际交往中，必须主动了解并适应礼仪的差异，为国际交流和合作奠定基础。

2. 现代礼仪的作用

礼仪是个人立足社会、成就事业、获得美好人生的基础。学礼、知礼、用礼不仅是每个具有现代意识的人的主观意愿，而且是社会生活的客观需要。

（1）讲究礼仪有助于提高人们的自身修养。在人际交往中，礼仪往往是衡量一个人文明程度的准绳，它反映一个人的气质风度、阅历见识、道德情操、精神面貌。礼仪既要求人们具有与人为善的道德观念，又要求人们具有优雅得体的言行举止，学习礼仪、注重礼仪修养，可以提高自身道德修养和文明程度，更好地显示自身的优雅风度和良好形象。

> **提示**
>
> 一般说来，人们受到尊重、礼遇、赞同和帮助就会产生吸引心理，形成友谊关系；反之就会产生敌对、抵触、反感，甚至憎恶的心理。

（2）讲究礼仪有助于人们美化自身、美化生活。个人形象是一个人仪容、表情、服饰、谈吐、教养的集合，学习礼仪、运用礼仪将有益于人们更好地、更规范地设计维护个人形象。而一个成功的个人形象，展示的是自信、尊严、力量、能力，让人对自己的言行有更高的要求，立刻唤起自己内在沉淀的优良素质，从而使自己的生活变得更美好、更积极向上。

（3）讲究礼仪有助于改善人际关系。礼仪是人际关系的“润滑剂”，每个人都希望生活在一个安定团结、和睦友好的环境中，而这种环境需要礼仪去创造和维持。在交往时遵循礼仪，有助于促进人与人之间的相互尊重、友好相处，造就和谐、完美的人际关系。

（4）讲究礼仪有助于获得沟通的成功。礼仪是帮助人们沟通成功的重要途径和保障。一个微笑、一声道谢，这些看似十分简单的礼仪往往会给别人带来温暖和欢乐。如果我们能够在不同场合合理运用相关礼仪，就会使交往对象倍感亲切、自然，产生良好印象，从而乐于接近和接纳我们，为下一步的沟通敞开一扇门。

（5）讲究礼仪有助于净化社会风气。当前，我国正在大力推进社会主义精神文明建设，其中一项重要内容，就是要求全体社会成员讲文明、讲卫生、讲秩序、讲道德，要求做到心灵美、语言美、行为美、环境美。这些内容与礼仪完全吻合。人人自觉遵守礼仪规范，就会形成良好的社会风尚和道德习惯，从而保证家庭邻里和睦安宁、人际关系协调融洽、社会稳定和谐。

1. 选择题

（1）（　　）曾说过“己所不欲，勿施于人”。

A. 老子　　B. 孔子　　C. 庄子　　D. 韩非子

（2）讲究礼仪（　　）。

A. 完全是个人的事情，与他人无关

B. 仅仅是一种形式，注意不注意都可以

C. 是否讲究礼仪对我们没有什么太大的影响

D. 是展示人们优雅风采和高尚品德的具体要求，也是人们与他人顺利交往的前提

2. 综合训练

（1）以小组为单位，向其他组员介绍什么是礼仪，并且收集一到两个有关“礼仪”的案例，与组员讨论。

（2）进行礼貌语言和礼貌行为的情景模拟。

A. 同学之间

B. 师生之间

C. 父母、长辈之间

D. 与陌生人之间（如问路、购物等情景下）

参考答案

1. 选择题

（1）B；（2）D

2. 综合训练

略

第二讲　培养礼仪的途径与方法

故事品鉴

1978 年，75 位诺贝尔奖获得者在巴黎聚会。人们对诺贝尔奖获得者满怀崇敬，有个记者问其中的一位："在您的一生里，您认为最重要的东西是在哪所大学或实验室学到的呢？"这位白发苍苍的诺贝尔奖获得者平静地回答："是在幼儿园。"记者感到非常惊奇，就问："为什么是在幼儿园呢？您在幼儿园学到了什么呢？"诺贝尔获奖者回答是："在幼儿园我学会了很多很多，比如把自己的东西分一半给小朋友，不是自己的东西不要拿，东西要放整齐，饭前要洗手，午饭后要休息，做错事要道歉，学习要多思考，要仔细观察大自然。我认为我学到的全部东西就是这些。"所有在场的人都报以热烈的掌声。

点评

事实上大多数有成就的人都认为，他们终生受益的东西就是从小养成的良好行为习惯。正如叶圣陶所说：我们在学校里受教育，目的在养成习惯，增强能力。我们离开学校，仍然要从多方面受教育，其目的还是在养成习惯，增强能力。礼仪修养是如此，要从小做起、从我做起，坚持不懈、持之以恒。

一、培养礼仪的途径

良好的礼仪修养、规范的处事行为并非与生俱来，也非一日之功，而是靠后天坚持不懈的努力和精心培养才能逐渐形成。礼仪的培养可以从以下几方面着手：

1. 自觉接受礼仪教育

礼仪教育是系统学习、训练礼仪的良好途径。人的修养不是先天就有的，而是要依靠礼仪教育，依靠不断的培养，依靠社会健康舆论的引导和良好环境的熏陶。礼仪教育能够为人们礼仪行为的形成提供良好的外在条件，促进人们产生强烈的提高自我修养的愿望，最后达到处处讲究礼仪的目的。

通过接受礼仪教育，可以学会如何规范自身行为，从而提高自己的内在素质和外在形象。也可以利用图书资料、广播电视、网络，全面系统地学习礼仪知识；还可以向礼仪修养高的人学习，陶冶自己的情操。

学习礼仪知识，有利于了解和掌握社会对人们在礼仪方面的基本要求，努力按照礼仪规范要求自己，使自身礼仪修养日臻完善。

2. 丰富自己各方面的知识

注重礼仪，还应当努力丰富自己各方面的知识。在交际活动中，具有较高文化修养的人往往会成为受欢迎的人，而肤浅、粗俗的人则很难与他人建立起良好的关系。广泛涉猎各种文化知识，不断充实自己，既是加强自身修养的需要，也是人际交往的要求。在人际交往中，人们需要与方方面面的人结识和交流，因而应当具备各方面的知识。

掌握文学知识能够使人提高理解能力和表达能力；掌握哲学、历史、心理学知识，能够使人提高分析问题、认识问题的能力，协调各方面关系；掌握经济学、法律知识，能够使人掌握经济规律，依法办事，提高办事效率；掌握美学、音乐、绘画知识，能够使人情趣高雅、充满活力、积极热情、潇洒自信；了解各地民俗风情，熟悉当地经济、文化、交通、娱乐等方面的情况，则可以使人在交际活动中广结人缘、应付自如。有知识，才能使自己懂礼貌、讲礼节，才能做到分析、思考问题细密周到，处理、解决问题得体妥当。

> **提示**
>
> 广泛阅读各种书籍，欣赏各类艺术作品，不断发现生活中美好的事物，日积月累，人的精神面貌、内在素质就会升华，仪表风度也会悄然改变。

3. 培养良好的心理素质

在日常生活中，要做到彬彬有礼，必须要有良好的心理素质。因为如果没有健康的心态，就不可能在待人接物的过程中表现得热情大方、积极向上，也不可能做到自尊自信、有礼有节。

我们所说的健康心理状态应该具备以下特点：能够正确认识自己，能够公正地评价别人；豁达大度，人际关系和谐；保持乐观和稳定的情绪，在工作和生活中充满热情和活力；具有较强的事业心和目标意识，能够使自己的行为和公众的利益协调一致；能够坦然冷静地接受所发生的事件并迅速作出反应；积极进取、勇于追求、意志坚强、自我克制。

只有注意培养自己良好的心理素质，才能在交际活动中表现得游刃有余。

4. 身体力行，非礼勿行

在人际交往中，要身体力行地使用礼仪，用礼仪培育自己美好的心灵，同时还要用自己的礼仪行为去影响他人，用礼仪缩短人与人之间的距离，赢得别人对自己的尊敬。生活中要用礼仪来指导自己的行为，合乎礼仪的就做，不合乎的就不做。勿以善小而不为，勿以恶小而为之，绝不做有悖于礼仪的事。

5. 养成习惯，持之以恒

礼仪培养是一个自我认识、自我磨炼、自我提高的过程，不是一朝一夕能完成的，不能一蹴而就。俗话说：习惯成自然，要成为礼仪修养高的人，就必须时时注意约束自己的行为，抑制和纠正不良的习惯。在生活中，从一点一滴的小事做起，例如：从容自信的步履、端正自然的站姿、亲切关怀的目光、准确的手势、得体的服饰、端庄的仪表等，举手投足都表现出应有的文明礼仪，并持之以恒。

相关链接

礼仪的经典著作

1.《周礼》

《周礼》原名《周官》，是一部通过官制来表达治国方案的著作。全书分为天官、地官、春官、夏官、秋官、冬官六篇。六官的大致分工：天官主管宫廷，地官主管民政，春官主管宗教，夏官主管军事，秋官主管刑法，冬官主管营造，展示了一个完善的国家典制，一切井然有序，富于哲理，令人有“治天下如指诸掌中”的感觉。

此书还涉及社会生活的各个方面，其中礼制的体系最为系统，有祭祀、朝觐、封国、巡狩、丧葬、车骑制度、服饰制度等，堪称上古文化史之宝库。历代学者用“体、大、思、精”这四个字来评价它，值得后人借鉴和研究。

2.《仪礼》

《仪礼》是我国现存最早的记载古礼仪程式的典籍。它是以人生礼仪为主的先秦仪轨的集锦，一共十七篇。所谓人生礼仪，就是指从成年、结婚，一直到丧葬、祭祀的许多礼仪。除此之外，还有某些国与国之间的外交礼仪以及一些贵族的礼仪。人的一生涵盖在礼乐之中，揖让周旋，诗歌唱和，变化气质，涵养德性，其乐融融。这是一部典雅的著作，学术价值很高。

3.《礼记》

《礼记》是孔子及七十二弟子探讨礼学思想的文集，一共有四十九篇。书中既有对礼仪的阐发，又有对礼节的点评；既有对人生的感悟，又有对道的体味。书中有许多流传千古的典故，用记叙文形式写成，一些篇章具有相当的文学价值。有的用短小生动的故事阐明某一道理，有的气势磅礴、结构严谨，有的言简意赅、意味隽永，有的擅长心理描写和刻画。书中还收有大量富有哲理的格言、警句，精辟而深刻。《礼记》中有的格言家喻户晓、代代相传，这也正是它的魅力所在。《礼记》的文字可与《周礼》《仪礼》联系，是打通《周礼》《仪礼》的桥梁。

二、培养礼仪的方法

礼仪作为一门人生中的必修课，每个人都要学习。下面是一些学习礼仪、培养礼仪、运用礼仪的方法。

1. 理论与实践相结合

（1）以实践为基础。人们只有在相互交往的实践中，才能认识到自己的哪些行为是符合礼仪要求的，哪些行为是不符合礼仪要求的，才能改善自己的行为。也就是说，礼仪的培养必须结合人与人之间的交往活动来进行。

（2）以实践为对照准则。在学习礼仪的过程中，我们懂得了哪些是符合礼仪的，哪些是不符合的，就要把这些原则、规范立即运用到自己的交往实践中去，运用到自己的生活和工作中去，时刻以这些准则为镜子，对照检查，并改正自己思想、行为中一切与礼仪不相符的东西。

（3）反复实践，提高修养。礼仪的培养是一个从认识到实践不断反复的过程，通过反复不断提高。要使自己成为一个知礼、懂礼、守礼、行礼的人，就必须把对礼仪的认识运用到实践中，然后对自己实践中的经验再进行总结，并把总结中得出的新认识再贯彻到行动中去，如此不断循环，从而达到提高自身修养的目的。

> **提示**
>
> 由于礼仪涉及的内容十分广泛而复杂，仅仅了解是不够的，关键是要去实践，而且需要反反复复地去实践。任何礼仪如果不与实践相联系，就是纸上谈兵。

2. 提高认识，明辨是非

（1）正确认识礼仪。礼仪是在人们相互交往中形成的，它只具备道德性的约束作用。随着社会文明的进步、国际交流的日益频繁，各民族的风俗、礼仪也有相融的趋势。但礼仪相对应的毕竟是道德，它与法律、真理和正义在某些方面存在不相融的一面，而且不同国家和民族对事物的认知也不尽相同。因此，在交际活动中，尤其是国际交往中不可一味追求与他人相融而放弃对是非的判断，甚至置人格、国格于不顾。要坚持真理和正义。

（2）树立平等互利的观念。很多礼仪的制定都是出于维护人与人之间的融洽关系，因此在交际活动中，恰当的礼仪首先从利他的角度出发，不要因为自己优于别人而藐视他人，忽视应有的礼仪，也不要认为他人比自己优越就屈膝相迎或感到卑微而畏畏缩缩。良好的交际礼仪就是要营造和谐融洽的人际关系氛围，最起码的要求是要在交往中建立平等互利的观念，做到人与人之间在人格尊严上的平等。

（3）树立求同存异的观念。世界各国的风俗、礼仪各具特色，要想人们遵循相同的礼仪是不可能的。因此，在交际活动中要树立求同存异的观念才能建立和维护和谐的人际关系。古人云，己所不欲，勿施于人。要推己及人，不可片面强调为他人所不能接受的风俗、礼仪。

3. 内外兼修，全面提升

内外兼修是学习礼仪、培养礼仪的过程中一个不可忽视的问题。想要真正在交际活动中取得成功，偏重或忽视内在修养和外在形象的任何一个方面都是不正确的。强调内在修养，但缺乏得体的外在形象和言谈举止，甚至衣冠不整、小动作不断，是不会受人欢迎的；反之，“金玉其外败絮其中”，把自己打扮得整洁时尚，却没有较高的修养和气质也不会让别人有好感。只有达到内在精神和外在形式的统一，才能体现人的气质、风度和修养。

> **提示**
>
> 真正的礼仪是追求一种内在的“真、善、美”与外在优雅的举止风度、优美自然的谈吐、大方得体的个人形象的统一。

4. 注重细节，落到实处

细节决定成败。在交际礼仪中，具体细节往往体现出一个人的礼仪和素养，如称呼对方用尊称、交谈中不涉及隐私、男士西装配深色袜子、与人交流时认真倾听等。在学习、实践中，要将这些细节落到实处。

5. 灵活运用，随机应变

礼仪要求做到“恰如其分”，应用灵活应变，避免生搬硬套。礼仪的规则是成文成框的，而社会生活本身是灵活多变的。我们从书本上学到的礼仪知识具有一定的概括性和理论性，而在真正的交往中，由于人与人之间的不同，场合与场合之间的差别，我们需要作出适当的、非常规的变动。

人际交往的3A法则

美国学者布吉林等人提出了人际交往的3A法则，其基本含义是：在人际交往中要成为受欢迎的人就必须善于向交往对象表达善良、尊重、友善之意。

第一个A是接受对方（Accept）。在日常生活中，每个人受教育的程度不一样，年龄不一样，性别不一样，职位不一样，社会阅历不一样，待人接物的风格和具体做法往往不同。鉴于此，接受别人实际上是最重要的。从交际礼仪的角度来讲，要接受三个要点：一是接受交往对象；二是接受交往对象的风俗习惯；三是接受交往对象的交际礼仪。

第二个A是重视对方（Appreciate）。重视别人就是要你学会欣赏别人，善待别人就是善待自己。例如，接受别人的名片要说谢谢，一定要看，一定要毕恭毕敬地放好；跟人打交道时要对对方的名字、头衔、单位等很清楚。一个真正有教养的人从来都是一个虚心的人。

第三个A是赞美对方（Admire）。尺有所短，寸有所长，要持一种欣赏的态度去和人交流。要肯定别人，赞美别人。当然赞美对方也要注意把握原则，应适可而止，实事求是，恰如其分。

3A法则是我们向别人表达善意的可操作技巧，对我们在人际交往中成为受欢迎的人大有裨益，倘若在人际交往中注意这样的有效沟通，将有助于你在人际交往中树立良好的形象，使你成为更加受欢迎的人。

1. 选择题

(1) 良好的礼仪修养来自于（　　）。

A. 遗传　　　B. 与生俱来　　　C. 后天习得

（2）下列哪本是礼仪的经典著作（　　）。

A.《论语》　　　B.《仪礼》　　　C.《三字经》　　D.《战国策》

2. 综合训练

（1）想一想在你成长过程中，第一次接受的礼仪教育是什么？对你产生了什么影响？

（2）现实生活中，你最讨厌的无礼貌行为有哪些？请你举一个你遇到的实例与他人交流。

参考答案

1. 选择题

（1）C；（2）B

2. 综合训练

略

第二章 日常礼仪

去过新加坡的人会对他们的“巴刹”——一个类似于国内大排档的地方印象深刻。在那里，你会看到一切竟然那么干净整洁，顿时会对这个国家的每一位小人物都肃然起敬。新加坡是个严守秩序、干净有序的国家，不管到哪里你都会有这样的感觉。国民的素质便体现在一言一行。

作为社会大家庭中的一员，我们都希望各自的生活能幸福美好，这就需要我们共同努力，在日常生活中讲究礼仪，让他人舒心，让自己快乐。

第一讲 个人礼仪

故事品鉴

一位先生在报纸上登了一则广告，要雇一名勤杂工到他的办公室做事。有很多人闻讯前来应聘，这位先生挑中了其中一个男孩。“我想知道，”他的一位朋友问道，“你为何喜欢那个男孩？他既没带一封介绍信，也没受任何人的推荐”。

“你错了，”这位先生说，“他带来许多介绍信。他在门口蹭掉脚下带的土，进门后随手关上了门；当他看到那位残疾老人时，他立即起身让座；进了办公室他先脱去帽子，回答我提出的问题干脆利落……其他所有的人都从我故意放在地板上的那本书上迈过去，而这个小男孩却俯身拾起那本书，并放回桌子上。当我与他交谈时，我发现他衣着整洁，头发梳得整整齐齐，指甲修得干干净净。难道你不认为这些就是极好的介绍信吗？我认为这些比介绍信更为重要”。

点评

决定成功与失败的往往是一些看似无关紧要的细节，而这些细节体现的恰恰是一个人的礼仪和修养。

个人礼仪是个人仪表、仪容、言谈、举止、待人、接物等方面的具体规定，是社会个体的生活行为规范与待人处世的准则，是一个人道德品质、文化素养等精神内涵的外在表现。个人礼仪的核心是尊重他人，与人为善。

个人礼仪有着重要的作用，它不仅是衡量一个人道德水准高低和有无教养的尺度，而且也是衡量一个社会、一个国家文明程度的重要标志。个人礼仪不是简单的个人行为表现，而是个人的公共道德修养在社会活动中的体现。个人礼仪一般包括：端庄的仪容仪表、优雅的仪态、自然得体的表情和合乎时宜的谈吐等。

一、仪容仪表

仪容仪表是指人的容貌和服饰，是一个人精神面貌的外观体现。它能展现出个人的道德修养、文化水平、审美情趣、文明程度，是尊重对方、讲究礼貌、互相理解的具体表现。仪容仪表不仅会引起交往对象的特别关注，而且可以影响交往对象对自己的评价。

> **提示**
>
> 清洁卫生是仪容美的关键，是礼仪的基本要求。一个人不管其长相多好，服饰多华贵，若满脸污垢，浑身异味，那必然会有损自身的形象。

1. 仪容

（1）头发：洁净、整齐、无头屑，不做奇异的发型，男士不留长发。

（2）眼睛：无眼屎，无睡意，不充血，不斜视。眼镜端正、洁净明亮。平时不戴墨镜和美瞳。

（3）鼻子：鼻孔干净，不流鼻涕，鼻毛不外露。

（4）口腔：牙齿整齐洁白，无口腔异味。

（5）耳朵：内外干净，无耳屎。

（6）面容：洁净，红润，无明显粉刺。适当护肤，不化浓妆。

（7）胡子：每天须剃干净。

（8）手部：洁净，指甲整齐干净，不留长指甲，平时不涂指甲油。

2. 仪表

（1）整洁合体。个人的服装一定要保持干净整洁，熨烫平整，穿着合体，纽扣齐全。

（2）搭配协调。服装的款式、色彩、配饰应相互协调、合理、恰当，形成和谐的整体美。一般而言，一次着装不要超过三种颜色。

（3）着装 TPO 原则。

时间原则：着装要考虑时间因素，包括不同时代、时期的变化，一年中春、夏、秋、冬的变化，每天早、午、晚三段时间的变化。因时制宜，穿着得体。

地点原则：着装要与环境协调。如果不分环境、不分地点地胡乱穿戴，必会招人侧目，自己也会感到尴尬。比如，穿着睡衣招摇过市，郊游登山着紧身衣裙，参加严肃的会议穿 T 恤、牛仔裤，都是极不合时宜的。

场合原则：不同的场合有不同的服饰要求，只有与特定场合的气氛相一致、相融洽的服饰，才能产生和谐的审美效果，实现人景相融的最佳效果。

> **提示**
>
> 着装 TPO 原则，T 即 time，时间；P 即 place，地点；O 即 occasion，场合。TPO 原则要求着装考虑这三个因素：穿着这套衣服将在什么时间、什么地点、什么场合出现。同时还要兼顾其他因素，如和谁见面、谈什么事情、要达到什么目的等。

二、仪态

仪态是指人在行为中的姿势和风度。姿势是指身体所表现的样子，风度则是内在气质的外在表现。用优良的仪态礼仪表情达意，往往比语言更让人感到生动、真实。

1. 站姿

站姿是静态的造型动作，是人们生活交往中最基本的举止，得体的站姿给人以健康向上的感觉。男士要站得稳健挺拔，体现刚健、潇洒；女士则要优雅娴静，体现端庄、柔美。

基本的站姿：头正，下颌微收，面带笑容；肩平，双臂放松，自然下垂；挺胸收腹、立腰提臀；双腿挺直并拢；脚后跟相抵，前脚掌打开呈 V 字形，身体重心落在两腿中间。

（1）男士的站姿（见图 2—1）。在采取基本的站姿时，男士通常应当双目注视前方，双手相握、叠放于腹前，或者将其背于身后，然后相握。双脚可以稍许分开，但一般与肩部同宽为双脚分开的最大距离。有的时候，男士在采用基本的站姿时，也可双臂自然下垂，双手掌心向内、指尖朝下后贴放于自己大腿两侧，双脚脚尖分开，同时脚跟并拢。

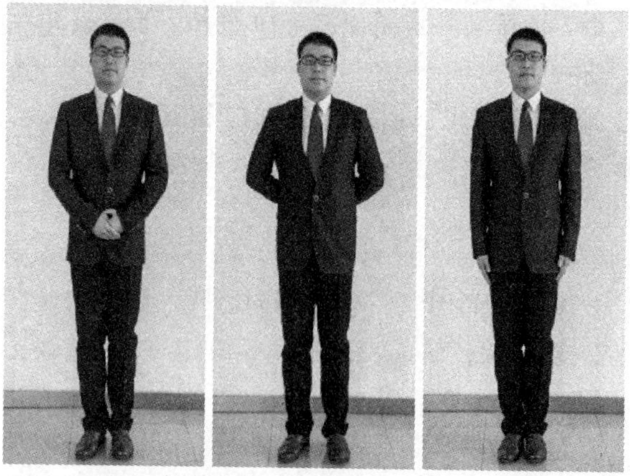

图 2—1　男士的站姿

（2）女士的站姿。在采用基本的站姿时可略作变通。具体来说，双眼应当注视前方，双手应当相握或者叠放于腹前。

在采用基本站姿时，对女士的脚位有特殊的要求。一般认为，双脚完全叉开的脚位不宜为女性所取。若要显得站姿优雅，要么采用 V 状脚位，要么采用 Y 状脚位。图 2—2 所示为 V 状脚位，即双脚脚尖叉开，但脚跟并拢。Y 状脚位是指一只脚的脚跟，贴靠在另外一只脚的内侧，它也被人们叫作“丁字步”，如图 2—3 所示。穿礼服或旗袍的时候，使两脚之间前后距离 5 厘米左右，以一只脚为重心。这样的站姿，优美婀娜。

（3）不良的站姿。东倒西歪，弯腰驼背，浑身乱动，两脚间距过大；站立交谈时，身体倚门、靠墙、靠柱；正式场合站立时，将手插入口袋或双手交叉抱在胸前。

> **提示**
>
> 不良的站姿会影响体内的血液循环，导致消化不良，胃、肺机能变差，驼背、垂胸、下腹肥胖。

图 2—2　V 状脚位

图 2—3　Y 状脚位

相关链接

下面两种方法可以帮助你训练良好的站姿：

⊙身体背着墙站好，使后脑勺、肩、臀部及脚跟均能与墙壁紧密接触。

⊙顶书本，为使书本不掉下来，应把颈部挺直，下巴向内收，上身挺直。

提示

在就座时，注意头部端正、躯干直立，手臂摆放的正确位置是自己的大腿、身旁的扶手、面前的桌子以及腿上的文件。

2. 坐姿

（1）正确的坐姿。优美坐姿有赖于就座者下肢与上身体位的协调配合。下肢体位的正确与否至关重要。下肢体位是指就座者入座后双腿与双脚摆放的位置。在一般场合可以采用表 2—1 所列的坐姿。

表 2—1　常用坐姿

名称	基本要求	图示
双腿垂直式	又称基本坐姿。主要要求是上身与大腿、大腿与小腿都成直角，小腿与地面垂直。双膝、双脚包括两脚跟部都要完全并拢。此式男女皆宜	

续表

名称	基本要求	图示
垂腿开膝式	这是一种较为正规的坐姿。主要要求是上身与大腿、大腿与小腿均成直角，小腿垂直于地面。允许双膝稍许分开，但不得超过本人的肩宽。此式多为男士所用	
双腿叠放式	这是一种造型十分优雅的坐姿。主要要求是双腿上下重叠，斜放于左或右一侧，腿部与地面成45°左右的夹角，叠放在上的那只脚的脚尖应垂向地面。此式主要适用于穿短裙的女士	
双腿斜放式	双腿并拢，双脚向左或右侧斜放，腿部与地面呈45°左右的夹角。此式适合穿短裙的女士就座	
前伸后曲式	大腿并拢，向前伸出一条腿，同时把另外一条腿后曲。两脚脚掌均应着地，并且两者前后要保持在一条直线上。此式多为女士所用	
大腿叠放式	常用于非正式场合。主要要求是双腿在大腿部分叠放在一起，位于下方的那条腿的小腿垂直于地面，并且脚掌着地，位于上方的那条腿的小腿则内收，脚尖宜朝向地面。此式仅适用于男士	

续表

名称	基本要求	图示
双脚交叉式	在各种场合均可使用。主要要求是双膝并拢，双脚在踝部交叉，双脚既可以内收，也可以斜放，但是不宜朝着前方远远地直伸出去。此式男女皆可采用	
双脚内收式	适用于普通场合。主要要求是大腿并拢，双膝可略微打开，两条小腿在稍许分开后可向内侧曲回，双脚脚掌同时着地。此式男女皆可采用	

（2）错误的坐姿。

一是双腿直伸出去（见图 2—4）。

二是架腿方式不妥。把一条小腿架在另一条大腿上，并且之间留有较大的空隙（见图 2—5）。

三是双腿过度叉开（见图 2—6）。

四是腿部抖动摇晃。

五是脚尖指向他人。

做一做

以小组为单位，练习这几种基本的坐姿。互相检查，互相纠正，做到动作规范。

图 2—4　双腿直伸

图 2—5　不妥的架腿方式

图 2—6　双腿过度叉开

六是仅脚跟触及地面，脚尖跷起（见图 2—7）。

七是腿部高跷，脚蹬踩于物体上。为了贪图舒适，将腿部高高跷起，架、蹬或踩在身边的桌椅上，或者盘在本人所坐的座椅上（见图 2—8）。

八是用双肘支于桌面（见图 2—9）。

图 2—7 脚尖跷起

图 2—8 脚蹬踩于物体

图 2—9 双肘支于桌面

相关链接

入座要求

⊙注意顺序。与他人一起入座，落座时要讲究先后顺序，礼让尊长，不能抢先落座。

⊙左进左出。通常都从左侧入座、左侧离席，特别是在正式场合更要注意。

⊙落座无声。不管是落座还是调整坐姿、移动座椅，都不要发出声响。

3. 走姿

走姿也称行姿，是指人们在行走时所采取的具体姿势，是人体所呈现出的一种动态的身体造型。它以站立姿势作为基础，属于站立姿势的延续。

（1）规范的走姿（见图 2—10）。

1）头正。双目平视，收颌，表情自然平和。

2）肩平。两肩平稳，防止上下、前后摇摆。双臂前后自然摆动，前后摆幅为 30°～40°；两手自然弯曲，在摆

> **提示**
>
> 要避免不良姿态。行走时要防止八字步及低头驼背。不要摇晃肩膀，甩动双臂。不要扭腰摆臀，左顾右盼。脚不要擦地面。

动中离开双腿不超过一拳的距离。

3）躯挺。上身挺直，收腹立腰，重心稍前倾。

4）步位直。两脚尖略开，脚跟先着地，女士两脚内侧交替踏在一条直线上。男士两脚内侧交替踏在相距约半拳的平行线上。

5）步幅适度。行走中两脚落地的距离大约为一个脚长，即前脚的脚跟距后脚的脚尖一个脚的长度为宜。不过，不同的性别、不同的身高、不同的着装都有些差异。

6）步速平稳。行进的速度应保持均匀、平衡，不要忽快忽慢。在正常情况下，步速应自然舒缓，显得成熟、自信。

图 2—10　规范的走姿

（2）其他走姿。

1）后退步。与人告别时，应当先后退两三步，再转身离去。退步时脚轻擦地面，步幅要小，先转身后转头。

2）引导步。引导步是用于走在前边给宾客带路的步态。引导时要尽可能走在宾客左侧前方，整个身体半转向宾客方向，保持两步的距离。遇到上下楼梯、拐弯、进门时，要伸出左手示意，并提示请客人上楼、进门等。

3）前行转身步。在前行中拐弯，要在距离所转方向远侧的一脚落地后，立即以该脚掌为轴，转过全身，然后迈出另一脚。即向左拐，要右脚在前时转身；向右拐，要左脚在前时转身。

行走的规范礼仪

⊙走路要靠右边走。

⊙两人同行时，以前者、右者为尊；三人同行时，并行以中间为尊，前后行则以前者为尊。

⊙上下楼梯时，要靠右侧，不宜多人并排，更不能站在楼梯上或者楼梯拐角处谈话，以免妨碍他人通行。与尊长一起上下楼梯，上楼时在尊长的后面，并相距一两个台阶；下楼时在尊长的前面，并相距一两个台阶，让尊长走在靠扶手的一边。

做一做

设计不同的情境，以小组为单位进行模拟训练，要求走姿规范，礼仪到位。

⊙陪同引领时，行走速度要与客人的步速相协调。陪同时一般并行，要让客人走在右侧；引领时要走在客人左前方 1 米左右。每当遇到拐角、台阶、光线暗或路面不安全时，要及时提醒。

⊙学生与老师相遇，通常应由学生先向老师打招呼。如果在楼梯、走廊、过道等地方与老师相遇，学生应马上停下脚步，向旁边让一小步，等老师走后自己再走。

三、表情

表情是指人的面部神态。任何一种微妙的表情变化都代表一种心理活动或一种心理信息。自然坦诚、和蔼可亲的表情映衬出一个人健康优雅的风度。构成表情的主要因素是目光和微笑。

1. 目光

与人交往时，目光应注视对方，但应使目光局限于上至对方额头，下至对方衬衣第二粒纽扣以上的范围。与人交谈时，视线接触对方脸部的时间（累计）占全部谈话时间的 30%～60%时，沟通效果最好。

根据交往场合、对象及性质的不同，一般可分三种“视线”。

（1）公务视线。注视区域是以双眼为底线，上至额头之间的长方形区域。它适合于谈判、磋商、洽谈等社交场合。

（2）社交视线。注视区域是以双眼为上限、下至唇部中央的倒三角区。它适合于上下级间的友好交谈、同事交往以及各种联谊会、座谈会等社交场合。

（3）亲密视线。注视区域是以双眼为上限，延长至胸部的三角区域内。它适合于亲人、恋人、家庭成员以及挚友之间。

提示

与人说话时，目光要集中在对方的下巴；听人说话时，要看着对方的眼睛，这是一种既讲礼貌又不易疲劳的方法。

相关链接

使用目光礼仪的几种技巧

⊙被介绍与人认识时，切勿上下打量对方，那是不尊重人的表现。也不要将目光向上看，以免给人目中无人、高傲自大的印象。

⊙不要盯住对方身体有缺陷的部位看，更不能总盯着异性身体的某一部位看，否则人们会认为你的品格不端、心术不正。

⊙走进办公室，切勿将目光落在办公桌的文件上；走进陌生人的居室，也不要东张西望。

⊙上台讲话，要先用目光环视四周，这样有安定情绪的作用，也表示对到会人的尊重。

⊙在社交场合，最忌讳与人眉来眼去和使用满不在乎的眼神，因为这是没有修养的表现。

2. 微笑

微笑是最具有吸引力的表情，是人际交往中最基本的礼仪。它表现着人际关系中友善、诚信、谦恭、和蔼、融洽等最为美好的感情因素，是表情中最能增加人们之间安全感、亲切感和愉悦感的表现方式。它可以消除人与人之间的陌生感，减少交往中的误会和隔阂，甚至可以治愈心理疾病。

微笑礼仪的运用要点如下：

（1）把握微笑的时机。应该在与交往对象目光接触的瞬间展现微笑，表示友好。

（2）把握微笑的变化。在整个交往过程中微笑的程度要有所变化，要有收有放。或眼中含笑，或浅浅一笑，或热情微笑。

（3）微笑是自然的。要诚恳和发自内心，切不可虚情假意。

（4）微笑是协调的。发自内心的微笑会自然调动人的五官：眼睛略眯起、有神，眉毛上扬并稍弯，鼻翼张开，脸肌收拢，嘴角上翘。

相关链接

咬着筷子练习笑容——奥运礼仪志愿者的日记

颁奖礼仪志愿者培训和空姐培训大致相同，不过还要更严格，每个细节不容有丝毫马虎。礼仪志愿者郝婧钰说：“让我印象最深的是培训中练习站姿、行走、步速、转身、微笑。为了让我们在颁奖时身姿更挺拔、步速更到位、转身更整齐、笑容更自然，每个动作我们都要分解练习成百上千次。拿站姿来说，这可不像我们想象中站着那么简单，每名礼仪志愿者必须穿 5 厘米高的高跟鞋，头上顶一本书，两腿膝盖间夹着一张普通的白纸。一站就是一个小时，不论是书还是纸都不可以掉下来，否则就得重做。等到休息时，两条腿连打弯都特别疼。”

“再比如练习笑容”，郝婧钰说，“颁奖仪式上需要的笑与我们平时的笑有着天壤之别，嘴张大了不行，张小了也不可以，甚至对露出的牙齿数都严格规定在 6～8 颗。老师要求我们每个人在练习笑容时嘴里都

要咬着一根筷子找感觉。这样一笑就得几十分钟，‘笑’得连脸部肌肉都麻了。”

四、谈吐

谈吐是指日常生活中讲话的水平、特点、风格等，它以一定语言为基础，是一个人思想文化水平、素养和情趣的反映。谈吐礼仪的目的是通过文明、礼貌的语言建立起情感沟通的纽带，通过传递尊重、友善、平等的信息，给人以美的感受，在使用轻松、诙谐、明快、幽默、委婉、庄严、赞美的语言所营造的自然、愉快、兴奋、亲切、可敬和舒畅的氛围中培植及增进友谊。

人们在交谈中应做到以下几点：

1. 神情专注

讲话和听话时应使用得体的语言和目光，思想集中，用心思考，不应三心二意，心不在焉，胡乱应付。听话者要全神贯注，专心聆听，以耐心鼓励的目光让对方说完，不应接二连三地打断对方。

2. 态度诚恳

谈话态度应真诚、坦率、文雅，切不可言不由衷、虚情假意。

3. 亲切动听

情感表达要建立在互相尊重的基础上，谈话要表现出对他人的关心、理解、同情等，令人听起来舒服、愉快。可以借助一些动作表情、形体语言，如微笑、握手、拍肩等与语言配合，使人感到言而有衷，平易近人。要使语句、情感、音律统一起来。

4. 周到体贴

当同时与几个人谈话时，目光应注意到在场的每一个人，不能只关注某一人，冷漠了任何一个人都是失礼的。谈话时要注意别人的情绪，做到适可而止。若他人想参与你们的谈话时，应点头表示欢迎；欲加入别人的谈话时，应主动上前打招呼。

5. 有所顾忌

忌语言粗俗，忌问人隐私，忌背后议论别人，忌出言不逊，忌炫耀自己。

常用的礼貌语

常用口语化的礼貌用语：

指约定俗成的表示谦虚、恭敬的专门用语，主要有“您好”“请”“谢谢”“对不起”“再见”等。

常用书面化的礼貌语：

初次见面，说“久仰”；

许久不见，说“久违”；

等待客人，说“恭候”；

客人到来，说“光临”；

探望别人，说“拜访”；

起身作别，说“告辞”；

中途先走，说“失陪”；

请人别送，说“留步”；

请人批评，说“指教”；

请人指点，说“赐教”；

请人帮助，说“劳驾”；

托人办事，说“拜托”；

麻烦别人，说“打扰”；

求人谅解，说“包涵”。

1. 选择题

(1) 你认为作为学生，在校园里的着装应该是（　　）。

A. 校服　　B. 晚礼服　　C. 职业装　　D. 家居服

(2) 正确的走姿是（　　）。

A. 弯腰驼背，左右摇晃

B. 走路内八字或外八字

C. 身体直立，两眼平视前方，两臂在身体两侧自然摆动，两腿有节奏地交替向前迈步，尽量走在一条直线上

D. 抬头，挺胸，收腹，肩膀往后收缩，快速地行走

2. 综合训练

（1）以小组为单位进行训练：

1）正确优美的站姿、坐姿、行姿与表情；

2）熟练运用各种日常礼貌用语，与同组成员交流；

3）各组自行设计一个具体场景，然后为同组成员设计一个得体的形象，包括仪容、服饰等。

（2）仔细观察周围的人，分析他们的仪容、仪表、仪态、表情、谈吐哪些符合礼仪要求，哪些不符合礼仪要求。请举例列出，并分析原因。

参考答案

1. 选择题

（1）A；（2）C

2. 综合训练

略

第二讲　家庭礼仪

故事品鉴

张伟和张小林是一对父子。有一天，小林在外面玩游戏彻夜不归，回家后张伟把小林骂了一通，小林不服气还顶嘴，张伟很生气动手打了小林。为此，父子关系弄得很僵。事后张伟后悔动手打了小林，但觉得儿子犯错还顶嘴，实在气愤。小林也觉得自己有错，但父亲不该打人骂人……

点评

从这个故事中我们不难看出家庭成员之间沟通交流的重要性，“张伟”的例子在我们家庭生活中有很多。其实父母和子女在家庭生活中也要讲究礼仪。“文明礼貌地交流”是家庭生活中沟通思想、完善教育、联络感情、和睦相处的行为准则。

> **提示**
>
> 孝敬父母的主要含义：一是子女对父母要有出自内心的爱戴和敬重感激之情；二是对父母的忠告和教诲能虚心接受，恭敬有礼；三是在生活上能体贴照顾父母，为父母分忧。

我国传统的家庭道德标准是人际和睦、勤俭持家、艰苦朴素、讲究礼仪，这是巩固和维护家庭正常关系的纽带，也是增加家庭凝聚力和提高工作、学习效率的强大精神支柱。家庭礼仪是指人们在长期的家庭生活中，逐渐形成的用以沟通思想、交流信息、联络感情的行为准则和礼节、仪式的总称。家庭礼仪的主要内容包括：晚辈对长辈的礼仪、同辈家族成员之间的礼仪、邻里之间相处的礼仪等。

一、晚辈对长辈的礼仪

1. 对父母的礼仪

孝敬父母，尊敬长辈，是做人的本分，是天经地义的美德，也是家庭礼仪形成的前提，因而历来受到人们的重视。孝敬父母要从以下几方面做起：

（1）尊敬父母。在任何场合都不允许失敬于父母，提及父母要用尊称。对父母要言辞温婉，不顶撞父母，遇事与父母商量；即使受了委屈也要心平气和地解释，而不能与父母为敌。

（2）主动关心问候。向父母问候时，要按时间、地点、场合、节庆不同，采用不同的问候方式。每天早起要向父母问好，如果父母还没起床，要轻手轻脚，不要打扰他们；离家或回家要与父母打招呼；父母离家或回家要主动招呼，递接物品；睡前要对父母道“晚安”。

（3）经常与父母交流，听从父母教诲。经常主动地把生活、学习、工作上的情况告诉父母，有过错也不要撒谎、隐瞒，要求得父母的建议、帮助。不要因为自己接触新鲜事物比较多，就看不起父母，须知“长者是智者”，年轻人可以从父母那里吸收有益的精神营养和文明修养。

> **提示**
>
> 敞开自己的心扉，与父母进行诚恳的交流。在交流过程中，得体的话语、温暖的目光、灿烂的微笑都是增进彼此感情，缩小“代沟”的有效工具。

“家有老，是个宝”，他们的一些生活经验对于指导年轻人的生活也很宝贵。

（4）分担父母忧虑，不给父母添乱。体谅父母的艰辛，在父母生病或有困难时，尽力去关心父母、协助父母；离家外出时应及时向父母汇报情况；学会料理个人生活，自己的用品收放整齐，不乱摆放；承担一些简单的家务劳动。

（5）生活节俭。不浪费，不虚荣，不向父母提超越家庭经济承受能力的过分要求。

（6）尊重父母隐私，不干涉父母的事。

2. 对其他长辈的礼仪

除了父母，我们还有爷爷奶奶、外公外婆及其他长辈，做晚辈的也应该好好孝敬他们。

（1）尊敬长辈要有“五心”。

一要有爱心。对长辈真情关爱，定期看望，节日要问候。帮其所难，解其所忧。

二要有耐心。陪长辈吃饭、走路、说话都不能急。年纪大的人说话会比较啰嗦，作为小辈应该体谅和理解，加倍地关心、爱护他们，绝不能嫌他们啰嗦而伤害他们。

三要常与长辈交心。人到暮年，社会活动逐渐减少，难免产生孤寂之感，小辈要多与长辈交流，多听他们倾诉。对于长辈来说，精神赡养比物质赡养更重要。

提示

处理好长辈与小辈的关系有下列四忌：一忌不尊重老人；二忌不关怀老人；三忌不体谅老人；四忌不能宽厚待人。

四要让长辈舒心。孝顺，既要孝又要顺，不妨投其所好，顺其所思。多讲开心的话，少提烦心事。

五要让长辈有自信心。多了解他们的心愿，帮他们达成。鼓励、帮助他们学习新的知识、新的技能，让他们老有所为，越活越自信，越活越精彩。

（2）尊老敬老四大“注意”。

一要注意与长辈同行时，不要走在长辈的前面，最好能搀扶着一起慢慢前行。

二要注意扫帚不要朝着长辈扫。家中有客人的时候最好不扫地。当长辈在场时，扫地的方向不能朝着他们，而应朝自己的方向挥动，往后推着扫地。

三要注意点菜时先要问长辈的口味。点菜时，要帮长辈点了他们喜欢吃的菜以后再点自己喜欢吃的，在这个过

做一做

看着自己的父母渐渐老去，扪心自问，有没有经常关心他们，知不知道他们最需要的是什么。今天回家就为父母做些实事：洗碗、洗脚，陪父母看看电视、聊聊天。

程中还要注意多询问长辈的口味以及是否有忌口。

四要注意在长辈面前少提“老”字。有些老年人不喜欢别人说自己老，听到“老”字会有一种恐慌感，所以称呼老人要慎用“老”字。

老人的心理特点及相应“策略”

⊙怀旧心理：表现为经常回忆过去的事，喜欢给晚辈讲过去的事。我们应当耐心倾听，满足老人的心理需求。

⊙孤独心理：表现为极易产生孤独感，特别希望子女和晚辈能经常陪在自己的身边。我们要常陪陪老人，若与老人不住在一起，应经常打电话问候，并定期回家探望。

⊙多疑心理：表现为担心晚辈对自己不够好，担心他们会嫌弃自己。要让老人知道，我们很爱他们，他们对于我们来说很重要，我们希望他们健康长寿。

⊙童稚心理：突出表现为任性、固执、易冲动、爱发脾气。我们要多容忍他们，理解他们，即使老人有错，也不必强行说服他们。

⊙好管闲事，好为人师：表现为常常会告诉你该这样做，该那样做。我们不妨耐心听老人说完，并表示感谢，让老人觉得他对晚辈还是有帮助的。体会到自己的价值，老人心情会很愉悦。

二、同辈家族成员之间的礼仪

同辈家族成员之间的礼仪主要指兄弟姐妹以及表亲、堂亲之间的礼仪。要互相尊重、关心、谅解、帮助、谦让，长爱幼、幼尊长，彼此爱护、不争不吵，共同创造温馨祥和的大家庭。在处理与同辈亲属的相互关系时，最重要的是加强团结、彼此照料。

> **提示**
>
> 与兄弟姐妹交往，必然也会涉及物质利益问题，这时应谦让，如“孔融让梨”。提倡“吃亏是福”，这样可以促进团结，增进感情。

1. 加强团结

与同辈亲属之间要搞好团结，既要讲究宽厚，又要注意谦让。

（1）宽厚。对待同辈亲属要宽厚，一方面要待人宽容，不要听不得对方的逆耳之言，见不得对方的逆己之事，即便对方做了有负于自己的事，也要看在“一家人”的情分上对其宽宏大量；另一方面要待人厚道，不要因为虚荣事事都争强好胜，进行不必要的竞争攀比，更不能在同辈亲属之间争风吃醋、挑拨离间，以致反目成仇、手足相残。

（2）谦让。兄弟姐妹联系比较密切，发生矛盾的机会也就多些。一旦产生了摩擦，有了矛盾，就要从团结的角度出发，重情义、说道理、讲风格，特别要互相谦让，互相帮助，互相谅解。古语云：退一步海阔天空。在与兄弟姐妹相处中，主动谦让于人，有利于促进自己与同辈亲属之间的团结。尤其在财物问题上，必须要有一个正确的态度：其一，要避免与同辈亲属你争我抢，甚至撕破脸面，大打出手；其二，尽可能多作退让，不要斤斤计较；其三，同辈亲属之间在日常交往中该算的“经济账”要算清楚。“亲兄弟，明算账”，不要总是自己占便宜，让对方吃亏，也不应使之成为一笔糊涂账，到头来授人以柄。

2. 彼此照料

与同辈亲属之间彼此相互照料，是“发乎情，止乎礼”的。人们常说“情同手足”，以此来形容同辈亲属之间的关系也丝毫不过分。因此，同辈亲属之间要互爱、互助。

（1）互爱。同辈亲属，“本是同根生”，血统与姻亲的纽带将其联系在一起，因而互相爱护理当成为彼此间关系的重要基础。这种爱护，不仅是物质利益的支援，还包括情感的沟通；对于这种爱护，要心存感激，特别是对出于爱护自己目的的批评、指责，要勇于接受。

（2）互助。同辈亲属之间的互助，不仅是天经地义的，而且是绝对必要的。这种互助应体现在以下三方面：第一应该体现在生活上。在日常生活之中，大家要互帮互助、相互提携，共同创造美好的生活。见到同辈亲属生活上有困难而置之不理，不合人之常情。第二应该体现在工作上。要提倡能者多劳、弱者得助、尽力而为、共同发展。第三应该体现在思想上。遇到外人难以诉说的苦恼，不妨跟同辈亲属多聊一聊。对于同辈亲属在思想、情感方面的问题，要及时加以点拨。

> **提示**
>
> 在帮助对方时，要倾注全力；在寻求帮助时，则不宜强求。并且互助须建立在合理合法的基础之上，切不可徇私枉法。

3. 互相尊重

所谓“言者无意，听者有心”，这就要求我们在和同辈亲属讲话时，要讲究方式方法，以体现对对方的尊重，而不该认为对方是亲戚，想说什么就说什么。

相关链接

创造良好的家庭环境

良好的家庭礼仪离不开良好的家庭环境，要从以下几方面着手营造良好的家庭环境。

⊙家庭关系：家庭成员之间要感情融洽、关系和谐、彼此尊重信任、关心爱护。

⊙生活模式：家庭要有一个合理的生活作息制度和行为常规，诸如按时起床、休息、进餐，注意卫生，合理分担家务，尊老爱幼、礼貌待人、言谈举止文明等。

⊙文化氛围：家庭要有良好的文化气氛，积极健康的文化体育娱乐活动不仅可以调节家庭气氛，使家庭充满乐趣，而且能陶冶家庭成员的道德情操和精神情趣，提高文化修养。

⊙良好家风：家庭要形成追求理想、积极向上、团结和睦、民众平等、勤奋好学、勤劳节俭、讲究卫生等良好风尚。

三、邻里之间相处的礼仪

俗话说“金相邻，银亲眷”，在家庭间的各种交往中，最频繁的就是邻里了。注重邻里礼仪，建立良好的邻里关系，小到家庭，是给自己创造一个和谐宽松的生活环境，大到社会，是奠定了文明的基石。所以，学习邻里之间的相处礼仪十分重要。

1. 了解邻居

要想和邻居搞好关系，相互了解是必不可少的。了解是人与人相处过程中最基本的要求，只有掌握了对方的情况，才能建立良好的邻里关系，才有利于交流、沟通。

了解邻居要注意：第一，把主动权掌握在自己手里，甘当孤家寡人是不能与邻居搞好关系的；第二，守口如瓶。邻里关系相处得比较和谐后，彼此会视对方为知己而互诉衷肠，对方会将内心深处的难言之隐告诉你，这是信任你的表现。因此，你务必把好口风，不要将邻居的隐私到处传播，否则，可能会引发添油加醋、蜚短流长，这样会引起邻居的反感，从而对你敬而远之。

提示

了解邻居要掌握方式方法，讲究自愿，提倡有来有往，切忌相互打听隐私，更不能搬弄是非。这些做法都是不妥的，很容易让对方产生反感。

2. 以礼相待，友好相处

与邻居相处时，在称呼上要讲究礼仪，可以使用“爷爷”“奶奶”“叔叔”“阿姨”“姐姐”“哥哥”等亲切的类似于家人的称呼，可增进邻里间的感情，促进友好往来。在楼道里、电梯里或窄小的地方遇到长辈，要主动让路，请长者先走。遇到老人上下楼梯，应上前搀扶。见到邻居搬重物，要主动让路，不能抢上抢下或挤上挤下，还应主动询问是否需要帮忙。到邻居家做客，不要乱翻主人的东西，吃东西不乱扔乱吐，不是自己的东西不能拿。

3. 相互关心，相互帮助

当邻居遇到困难时，要主动关心、问候。如果邻居需要你的帮助，要及时向对方伸出援助之手，帮其解决燃眉之急。人人都懂得“投桃报李”的道理，你对邻居付出一份真心，邻居自然会主动关心、爱护你。这样，邻里关系才能“更上一层楼”。

提示

平时对邻居不要苛求，对于邻居的不合理要求和做法，采取有理、有节的态度，合理、妥善地解决问题，维持一种有距离的友好。

4. 待善邻居

要考虑自己的兴趣爱好、生活习惯不会影响邻居。早出晚归要保持安静，不要大声喧哗和说笑；收看电视或使用音响要掌握适当的音量；家中有娱乐活动时，要注意不要影响到邻居的休息；管教好自己的孩子，不要不分场合任意哭闹。

相关链接

与新邻居的交谈礼仪

⊙寒暄式：应主动打招呼，问寒问暖如“你是刚搬来的吧？”“搬个家不容易呀！”“累坏了吧？”“我是你邻居，需要帮忙尽管说”等。主动招呼，会使人感到热情开朗，感情的纽带便开始建立起来。

⊙介绍式：新老住户之间一般没有第三者作介绍，双方可自作介绍，说说姓名、工作单位、住几楼几室等，要简单、明白、爽朗，一经介绍就便于称呼和继续交往了。

⊙讨教式：如果你是新住户，可主动讨教，问问超市菜场、道路交通等问题，请老住户参谋指导。敬重恭敬，使对方产生好感。

⊙探询式：“您家几口人？”“您工作单位离这儿远吗？”这类探询能使双方较快融

洽起来。但应注意，要掌握分寸，不能像查户口似的，初来乍到，不能问得过深。

1. **选择题**

(1) 尊敬老人要做到：(　　)。(多选)

A. 有爱心　　B. 有耐心

C. 常与老人交心　　D. 让老人舒心

E. 让老人有自信心　　F. 对老人放心

(2) 要和邻居搞好关系就要了解邻居，(　　)。

A. 了解邻居就是要到处打听邻居家的情况，问得越清楚越好

B. 了解邻居就是要向邻居本人打听情况，事无巨细，样样都问

C. 了解邻居也要注意方法，不要到处刻意打听邻居的情况，对邻居告诉的情况要守口如瓶

2. **综合训练**

以小组为单位，每个小组分别扮演家庭同辈亲属、长辈晚辈、邻居等不同角色，结合家庭礼仪内容，编排一个小品，进行表演。其他组同学和老师给予点评。

参考答案

1. **选择题**

(1) A、B、C、D、E；(2) C

2. **综合训练**

略

第三讲 社交礼仪

故事品鉴

东汉献帝时，著名文学家蔡邕文史、辞赋、音乐、天文无不精通，官任皇室右中郎将，但他为人谦逊，待人热诚。有一天，蔡邕的仆人通报王粲来访，蔡邕迫不及待地出迎，慌忙之中，他竟把左右脚的鞋子穿反了。当众宾客都在揣测究竟是什么人物让蔡邕如此匆忙之际，被蔡邕迎进来的竟然是个年幼瘦弱的书生，满屋子的人都觉得诧异。蔡邕说："这位是王府公子，天赋异秉，我自叹不如，我家收藏的书籍文章，当全部由他来传承。"这是成语典故"倒履相迎"的由来。

点评

谦逊、热情与诚意是日常社交礼仪的内涵、核心。没有了这些，即便衣装款款，也不过是徒有其表，不值一提。

社交礼仪是指社会成员之间交往时的规范与准则。人是社会的人，在生活中我们每个人都必须与他人进行交往。掌握一些必要的社交礼仪，有助于我们构建和谐的人际关系，更好地工作、学习和生活。

一、日常见面礼仪

与新老朋友日常见面是我们人际交往中最常见的活动，主动地问候别人，恰当的称呼，正确的握手方式，既是对对方的尊重，又是自身修养的反映。

1. 问候礼仪

问候虽然时间短暂，但却影响久远，我们应该掌握正确的问候礼仪。

（1）主动问候他人（见图2—11）。问候是联络感情的必要手段，是沟通心灵的有效方式，是增进友谊的桥梁和纽带，而主动问候则往往能够给他人留下良好印象。

> **提示**
>
> 主动问候所传递的信息是：我眼里有你。谁不喜欢自己被别人尊重和注意呢？
>
> 永远记住，你眼里有别人，别人才会心中有你。

图 2—11 主动问候

生活中，见到领导、同事、邻里等主动问候，有助于我们获得领导赏识、同事认可，有助于邻里关系和谐，可以为自己创造一个良好的工作和生活环境。

（2）选用合适的问候用语。合适的问候用语能够使人如沐春风，让人心情畅快。日常问候用语可以选用以下几种：

1）“您好”。“您好”简洁明了，既是问候，又是对他人的一种祝福，适用于任何场合。现代社会，人们的生活节奏不断加快，传统的交谈型问候已经不能普遍适用，彼此见面时一声节奏明快的“您好”，既能起到问候作用，又能有效体现自身良好礼仪。

2）“吃了吗”。这是中国传统的问候语，使用范围最广，日常运用最为普遍。“民以食为天”，在中国漫长的封建社会中，温饱问题始终是百姓的头等大事，因此，问对方有没有吃饭便是对对方的一种关心。目前，我国已经基本解决温饱问题，但“吃了吗”这句问候语却流传了下来。当然，现在的这句问候语只是一种形式，不再包含原来的含义。使用这句问候语要注意时间和场合。

3）“最近忙什么”。这也是一种我国传统的问候语。与对方擦身而过，用这句话代替一切语言，只是表示一种问候，表达自己关心对方，至于对方真的在干什么其实无关紧要。

当然，日常见面的问候方式还有很多，在一些特定的场合，如离得比较远不适于讲话，或者是关系比较一般的人之间，相互微笑，或者点一下头，也能表示自己的问候之情。

提示

在西方发达国家，因为受不同文化的影响，他们认为“自己干什么”是属于私人的事情，而且他们不希望别人过多地干涉自己的私事。因此，对于来自西方国家的外宾，我们不要轻易问候对方“最近忙什么”。

相关链接

主动问候要特别关注容易被冷落的人

生活中，总有一部分人自觉或不自觉地被他人冷落。对于那些被冷落的人，一声主动的轻声问候对他意义非凡。

社交场合，大家往往容易众星捧月般地与成功者交谈，一些普通的参与者经常被冷落在一旁。此时，我们应当用主动的关心和问候去融化普通参与者内心的冰山，他们更需要关心，需要问候。赞美成功者，属于锦上添花；关注落寞者，这叫雪中送炭。锦上添花固然好，但雪中送炭更重要。

比如，宴会上，领导的司机总是默默坐在不起眼的角落，这时，我们除了赞美领导之外，还要顾及司机，一句简单的问候或赞美，会让司机开心，领导也会觉得你做事周全，因为注意一个人的下属，其实也是变相地赞美这个人。

2. 称呼礼仪

日常社交场合使用的称呼，一般根据对方的年龄、职业、地位、身份、辈分及与自己的关系亲疏、感情深浅进行选择。生活中的称呼应当亲切、自然、合理；工作岗位上人们彼此之间的称呼要求庄重、正式、规范。

（1）尊称。这是为了表示对他人尊敬的称呼，包括“您”“贵方”“某老”等。

> **提示**
>
> 使用称呼时，一定要避免几种失敬的做法：错误的称呼；缺少称呼，代之以“喂”“嘿”“下一个”“那边的”以及具体代码；绰号性称呼；庸俗低级的称呼。

（2）泛称。这是对他人的一般称呼，双方可以根据关系和场合差异进行选择。

1）职务性称呼。以交往对象的职务相称，以示敬意，这是一种最常见的称呼。可以直接称呼职务，也可以在职务前加上姓氏或姓名，如“王厂长”“李明院长”。此种称呼适用于极其正规的场合。

2）职称性称呼。对于有职称的，尤其是高级、中级职称者，在工作中可以直接以其职称相称。可以直接称呼职称，也可以在职称前加姓氏或姓名，如“王工程师”“李明教授”。此种称呼用于比较正式的场合。

3）行业性称呼。在工作中，有时可以按行业进行称呼。对于从事某种特定行业的人，可直接称呼对方的职业，如老师、医生、会计、律师等，也可在职业前加上姓氏或姓名。

4）性别性称呼。对于从事商业、服务性行业的人，一般约定俗成地按性别的不同分别称呼“女士”“先生”。

5）姓名性称呼。在工作岗位上称呼姓名，一般限于同事、熟人。

3. 握手礼仪

握手是中国人最常见的见面礼和告别礼，应用极其广泛。恰当的握手，可以向对方表现自己的真诚与自信，也是接受别人和赢得信任的契机（见图 2—12）。

图 2—12　握手

（1）握手的要求。

1）神态：握手时双目应注视对方，微笑致意或问好，不能敷衍了事，漫不经心。

2）力度：握手时必须把握好力度，一般以不使对方感到疼痛为标准。男士之间握手可以稍许用力，表示热情；男士与女士握手则不可过于用力。

3）时间：握手时间以 3 秒钟左右为宜，上身略向前倾，头部微低，两足立正，伸出右手，四指并齐，拇指张开与对方相握，微微抖动 3～4 次，然后与对方的手松开。

（2）握手次序。

1）宾主之间，主人应先向客人伸手，来宾不论男女，女主人都要主动伸手表示欢迎，男主人也可以先伸手向女宾表示欢迎。

2）异性之间握手，遵循女性优先的原则，女性先伸手；同性之间握手，遵循年长优先原则，年长者先伸手；

提示

按照国际惯例，只有女士握手时在社交场合戴着的薄纱手套可以不摘，此外一般用的御寒的手套一定要摘除。

在国际交往中，尤其是到西方国家去，握手要避免双手交叉握着对方的双手，即所谓“交叉握手”。因为“十字”造型在西方人看来是不吉利的。

性别与年龄发生冲突时，遵循女性优先原则，女性先伸手。对方伸手后，应立即回握。

3）有职位差别时，职位高的先伸手，职位低的应立即回握。

（3）握手禁忌。

1）心不在焉，目无对方。

2）左手相握，有悖习俗。

3）戴着手套、墨镜握手，不尊重对方。

4）十字交叉握手。

5）握手后即揩拭自己手掌。

二、电话与网络礼仪

1. 电话礼仪

电话通信已成为日常生活中一种重要的社会交往方式（见图 2—13），为人们扩大交往和加强联系提供了快捷的工具。为了充分发挥电话的作用，需要人们具有更好使用它的礼仪知识。

图 2—13 电话礼仪

（1）拨打电话礼仪。

1）时间适宜。一是双方预约的时间，二是对方方便的时间。不要在他人休息及用餐时间拨打电话。打公务电话尽量在工作时间内，要有意识避开对方的通话高峰时间、生理厌倦时间。通话时间一般应该遵循“三分钟”原则，以短为佳，宁短勿长。

2）内容简练。电话内容应该遵循以下原则：一是事先准备。将受话人姓名、电话号码、通话要点等列清单，这样不容易丢三落四。二是简明扼要。要长话短说，忌有事无事煲电话粥。三是适可而止。发话人要讲的话讲完了，通话双方中地位较高的一方终止通话；发话人居于较低位置时，要长话短说。

3）表现文明

①语言文明：注意使用问候语；自我介绍言简意赅；结束要说道别语。

②态度文明：若需总机转接，要表示感谢；要他人转告、代言也要文明有礼；通话突然中断，发话人应立即继续拨打；拨错号码要道歉。

4）适时结束。通话意思表达清楚后，应当适时结束通话。挂电话一般由拨打电话的一方先挂，但是应该等对方也说“再见”后再挂，若对方还有话要讲时匆忙挂断电话是失礼的表现。

> **提示**
>
> 打电话时，可以在开始通话时，询问对方通话是否方便，若不方便，则可另约时间；若通话时间可能较长，也先征求一下对方意见，结束时略表歉意；在对方节假日、用餐、睡觉、或工作、开会时万不得已打电话影响了别人，要在结束通话时进行道歉。

（2）接听电话礼仪。

1）接听及时。遵循“铃响不过三”原则，电话铃声响起时，如果立即拿起电话，会给人唐突的感觉；若响铃超过三次在接听，又会给人怠慢的感觉。如果因为客观原因不能及时接听，拿起话筒后应该首先向对方表示歉意。

2）应对谦和。拿起电话时，要自报家门，主动向发话人问好；当发话人身份较低，或有求于己时，不要拿腔拿调或伤害对方自尊心；当通话因故暂时中断后，要等侯对方再拨打进来；如接到错拨的电话，应礼貌告知，切不可破口大骂。

3）主次分明。接听电话时要专心致志与对方谈话，不要与其他人聊天，或看电视、吃东西。不方便接听电话时要向对方说明原因并致歉，应再约一个时间由自己主动打过去，切忌抱怨对方的来电不是时候。接听电话时，适逢另一个电话打进来不要置之不理，可先对通话对象说明原因，要其勿挂电话，小侯片刻，然后去接另一个电话，待接通之后，先请对方稍侯，或过一会儿再挂进来，然后再继续方才的电话。

4）礼让挂机。接听电话应当等对方挂机后再挂电话，当对方向你说“再见”时应及时回应“再见”。挂电话时要注意小心轻放，切忌让对方听到很响的挂机声。

（3）使用手机的礼仪。随着社会的发展，手机已经越来越普及，我们在使用手机时，除遵循一般电话礼仪之外，还应遵循手机使用规则。

1）方便他人为先。尽量不停机，更换号码应及时告

> **提示**
>
> 代接电话时，要明确“对方是谁”“现在找谁”，若对方不方便告之第一个问题可不强求。若对方所找之人不在，可以实相告，若有留言需要转达时必须及时转达，不到万不得已，不要把自己代人转达的内容再交与他人转答。

知，在约定联络时间内不要随便关机，发送短信尽量注明姓名。

2）遵守公共秩序。第一，不在公共场合，如地铁、公交车、楼梯、电梯、路口等人来人往处旁若无人地使用手机；第二，在“保持安静”的公共场所，如音乐厅、美术馆、影剧院、会场等场所保持手机关闭或静音，防止铃声污染；第三，在医院、加油站、飞上等特殊场所使用手机，存在巨大安全隐患，因此，在这些特殊场所要禁用手机。

3）妥善存放手机。手机常规存放位置应该是公文包内、上衣口袋里。挂在腰间是不可取的存放方式。与他人交谈时，手机应放在不起眼之处，不可放于桌上。

2. 网络礼仪

随着信息化技术的不断发展，互联网正日益成为人们日常生活中不可或缺的一部分。网络虽然是一个虚拟空间，但它同样需要讲究网络礼仪，我们时刻要牢记“人的存在”，讲究人本主义原则。

（1）遵守法律，以人为本。网络礼仪首先是必须遵循法律法规。我们使用互联网时要主动遵守《中华人民共和国计算机信息系统安全保护条例》《计算机信息网络国际联网安全保护管理办法》《互联网信息服务管理办法》《互联网电子公告服务管理规定》《全国人民代表大会常务委员会关于维护互联网安全的决定》等法律法规。

（2）讲究文明，追求和谐。讲究网络礼仪，同样要扎根于我国传统的礼仪，崇尚“仁爱”“和为贵”“知礼以立”。所谓“有德者必育言”，网上说话不能信口开河，表达观点时要避免口号化、情绪化、标签化。

网络文明是社会文明的组成部分，只有我们每个人都行动起来，讲究文明上网，自觉使用文明语言，注重礼仪，用传统的和谐文化和思想引导网络文化，才能真正营造出一个和谐的网络世界。

（3）加强自律，学会分享。加强网络自律要做到以下几个方面：认真学习网上知识，不浏览不良信息；与网友进行诚实友好交流，不侮辱欺诈他人；增强自我保护意识，不随意约会网友；上网时间要控制，不沉溺虚拟时空；不制作、传播计算机病毒等破坏性程序等。

网络是学习和交流的场所，分享是网络文化的特征。向他人询问问题时，态度要诚恳。在提问题之前，自己先花些时间去搜索和研究，同样问题可能以前已经问过多次，现成的答案唾手可得。遇到别人提问，自己有相关资料，要积极主动进行分享。

> **提示**
>
> 慎用“人肉搜索”。“人肉搜索”仅仅是一种网友自发性组织的行为，若使用不当就会演变成“网络暴力”，带来不可估量的负面效果。
>
> 《侵权责任法》实施后，“人肉搜索”将会受到法律的限制。

(4) 容许异议，宽以待人。不管在论坛里还是在聊天室，五湖四海的人们共聚一起，意见总是有分歧的，矛盾总是存在的，争论是正常的现象。争论要心平气和，要容许不同意见的存在，要以理服人，不要进行人身攻击。

宽容是一种美德，在人际交往中，凡能做到宽以待人者，一般都深受众人的欢迎。网络也同样如此，当看到别人写错字、用错词、问一个低级问题或者进行没有必要的长篇大论时，一定要宽以待人。如果你真的想给他建议，最好用留言或电子邮件私下提出。

(5) 尊重隐私，慎用权力。一般情况下不要随意公开自己的邮箱、真实姓名、地址、电话号码等个人信息，这些属于个人隐私。别人与你的电子邮件或私聊的记录同样也是隐私的一部分，我们不能随意公开。如果不小心看到别人的电子邮件或秘密，不要到处传播。

网络管理员比其他用户有更多权力，应该珍惜、慎用这些权力。管理员的首要责任是维持秩序，树立健康、文明的形象，自身要公正、威严，不可发生包庇、偏袒行为。管理员应帮助用户并回答用户合理的问题，如不能解决，要说明原因。

三、拜访与待客礼仪

1. 拜访礼仪（见图 2—14）

拜访是社会交际和人们日常交往中不可缺少的一项重要内容，也是联络感情，增进友谊的一种有效手段。与其他活动一样，拜访也要注意相关礼仪。

图 2—14 拜访礼仪

(1) 拜访前的礼仪。

1) 事先预约。拜访之前必须提前预约，这是最基本的礼仪。一般情况下，应提前三天给被拜访者打电话，简单说明拜访的原因和目的，确定拜访时间，经过对方同意以后才能前往。

2）严格守时。如果事先约好，必须严格守时，因为对方已对这段时间作出了安排。如确因意外情况而不能赴约或需要改期，也要事先通知对方，并表示歉意，因为失约或迟到都是不礼貌的行为。

3）注意仪表。肮脏、邋遢、不得体的仪表，是对被拜访者的轻视。被拜访者会认为你不把他放在眼里，对拜访效果有负面影响。一般情况下，着装要与自己的实际情况相适应，与时间、地点和目的协调一致。

4）准备礼物。无论是初次拜访还是再次拜访，礼物都不能少。在礼物的选择上要下一番工夫。既然要送礼就要送到对方的心坎里，了解对方的兴趣、爱好及品位，有针对性地选择礼物，尽量让对方感到满意。

（2）拜访中的礼仪。

1）敲门通报。不管是到拜访对象家里还是办公室，即使门是开着的，都要敲门或按门铃，等到有人应声允许进入或出来迎接时方可进去。一般用食指敲门，力度适中，间隔有序敲三下，按门铃的时间不宜过长，3～5 秒钟足够。

2）举止优雅。相见问候是必不可少的。无论双方是否初次见面，拜访者必须主动向对方致意，热情大方地与被拜访者行握手之礼，这样可显示出你的诚意。

见面礼行过以后，在主人的引导之下，进入指定房间，坐在指定的座位上，要注意姿势，不要过于随便。架二郎腿、双手抱膝、东倒西歪是不礼貌的行为。如主人家有其他人在家，要微笑点头致礼；若主人送上茶水，应从座位上欠身，双手接过，并向主人表示感谢。

> **提示**
>
> 拜访时，要尊重主人的生活习惯。到别人家拜访，应尽量适应主人的习惯。如果主人客厅里没有摆放烟缸，说明主人没有吸烟习惯，应尽量克制不吸烟；如果主人没有主动邀请，最好不要到主人客厅以外的其他房间去。

3）开门见山。谈话切忌啰嗦，简单的寒暄是必要的，但时间不宜过长。简单的寒暄后直接进入正题。当对方发表自己的意见时，不要打断对方讲话，应该仔细倾听，将不清楚的问题记录下来，待对方讲完以后再请求就不清楚的问题给予解释。如果双方意见产生分歧，一定不能急躁，要时刻保持沉着冷静，避免破坏拜访气氛，影响拜访效果。

4）时间有度。拜访过程中，时间为第一要素，拜访时间不宜拖得太长。如果双方在拜访前已经设定了拜访时间，则必须把握好已规定的时间。如果没有对时间问题作具体要求，那么就要在最短的时间里讲清所有问题，然后起身离开，以免耽误被拜访者处理其他事务。

(3) 拜访结束礼仪。拜访结束时，如果谈话时间过长，起身告辞时，要向主人表示歉意。出门后，回身主动与主人握别，说“请留步”。待主人留步后，走几步再回首挥手致意“再见”。

2. 待客礼仪

“有朋自远方来，不亦乐乎”。正确的待客之道讲究尊重对方、为客人着想，让客人有宾至如归的感觉。

(1) 提前准备。

1) 搞好环境卫生。客人到来之前，早早地洒扫庭院，为的是让客人心情舒畅，感到挺受尊重。尤其是客厅、卫生间等客人主要的活动场所要干净整洁。如果是在单位接待客人，要把办公室整理干净。

2) 备足待客物品。一般说来香烟、茶水、时令水果、点心是少不了的，不管客人到时是否享用，有备无患为好。逢年过节，亲朋好友走动时往往会携带礼品，“来而无往非礼也”，做主人的要早早备好回赠礼物，避免到时候尴尬。

3) 注意仪表形象。主人换上一身得体的衣服，并进行适当的修饰，可以更好、更直观地使客人感受到主人把他的来访当成一件大事来看。不要因为是在自己家里就邋里邋遢的，甚至穿着睡衣，有的男士还光着膀子，这都会让客人感觉不自在。

(2) 热情迎接。

1) 远客近客都迎候。客人登门造访，应当根据之前约定的时间、地点，提前迎候客人。客人一敲门或按响门铃就起身相迎，不要让客人久等，否则既失礼又扰邻。

2) 主动施礼请上座。与客人一见面，主人应首先伸出手来与客人握手，并致以亲切友好的问候，热情洋溢地表达欢迎之意。同时，替客人接过携带的重物，以及外套、帽子等，代为存放。行毕见面礼，立即把客人请进屋里，请客人先落座。主人不能抢先坐下，甚至占了上宾的位置。

3) 不速之客不怠慢。如果客人不约而至，该怎么办？“来的都是客”，无论当时多忙、多累，也要“相逢开口笑”，热情接待客人。即使自己确实忙得脱不了身，也要委婉地打个招呼，委托家人或者同事、朋友代替自己先接待好客人。

(3) 亲切接待。

1) 斟茶在先有礼节。客人就座后，应马上献茶。待客献茶时，要注意三点：一是斟茶不要太满，“浅茶满酒”

> **提示**
>
> 要善于寻找与客人聊天的话题：可以聊聊家长里短，说说新闻趣谈增广见闻，也可以交流养生、保健、美容的经验，还可以谈谈旅游经历、理财心得，以及个人爱好、名人轶事等。

是常识；二是不能用手直接抓茶叶，影响客人品茶的兴致；三是奉茶时，不要自己握住杯把让客人接。如果用茶壶斟茶，不要将茶壶嘴直对着客人。

2）热情交谈莫冷场。毫无疑问，与客人在自己的居所内促膝谈心，是待客的重头戏。主人要善于寻找话题热情交谈，不要冷场。当然，客人亟需处理的事情要放在首先，有时候到访的客人就是来请求解决事情的，主人要开门见山谈事情，不必绕圈子。不管怎么说，要以客人为中心，多谈客人热衷的话题。

3）一举一动显诚意

一要专心致志。与客人相处的整个过程中，最好不要做其他与待客毫不相干的事情。有的主人习惯于待客时“分秒必争”，一边跟客人谈天说地，一边看电视、读报纸、打毛衣，这种漫不经心的做法会让客人觉得受到怠慢。

二要热情适度。对客人热情、尊敬是原则，但是，不宜过于客套，以免使客人手足无措，不自在。尤其是招待年幼、年少的客人时，要把握好度。客人如有礼品相赠，通常只要没有贿赂之嫌，稍微谦让一下就该接受下来。

三要一视同仁。如果正在接待一位客人时，又来了另外的客人，可以一起接待，使客人共聚一堂。但对所有客人都应当一视同仁、不分厚薄。不要跟有的客人谈笑风生，而同另外的客人无话可说。

四要举止检点。在客人面前，主人的举止要照顾客人的感受，切勿我行我素。比如，不要当客人面抹桌子、扫地，因为这有“逐客”之嫌。

（4）礼送来宾。

1）婉言相留。客人提出告辞后，不可立即附和，而应当加以挽留。客人要走，应等其起身后，主人再起身、握手相送，此时动作同样不宜过于主动。通常应将客人送至门外、楼下，或街巷口；远方来客则应送至火车站、机场或码头，待客人远去时，挥手致意，并说“欢迎再来”之类的客气话，直到客人的身影或乘坐的交通工具不见之后，方可返回自己的居所。切忌跨在门槛上向客人告别或客人前脚一走就“啪”地将大门重重地关上。客人未进电梯间，或是尚未走远，主人转身便走，也是失礼的行为。

2）礼尚往来。若客人来时带有礼物，应再次提及对礼物的感谢，或请求客人以后来访再不要携带礼物，或相应地回谢一些礼物，绝不能受之无愧似地若无其事，毫无表示。

四、探望病人礼仪（见图 2—15）

人在生病时，最需要的就是朋友的安慰和照顾。探望病人的方式得当，会给病人增添战胜疾病的信心和精神上的安慰，反之，则会给病人增加不必要的心理痛楚。探望病人时应该注意以下礼仪。

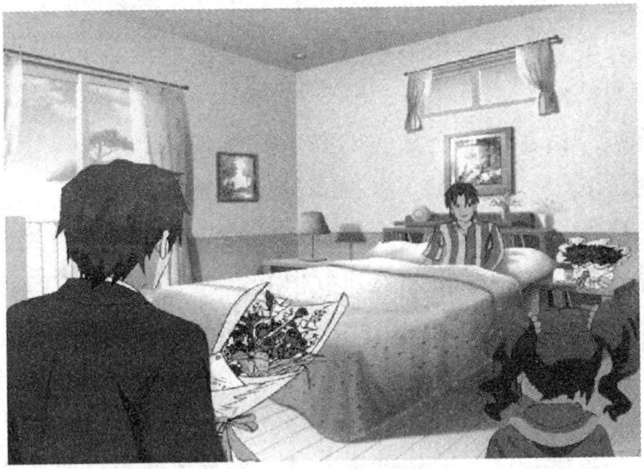

图 2—15　探病礼仪

1. 选择适当探望时机

探望病人应选择适当时机，尽量避开病人休息和医疗时间。由于病人的饮食和睡眠比常人更为重要，所以不宜在病人吃饭或休息时前往探视。如果是探望住院的病人，还应在医院规定的时间内前往。一般情况下，探望病人应该尽可能先了解病人的病情，可以向已经探望过的人了解，也可以向病人家属询问。倘若这两种途径都不能了解病人的病情，我们还可以到医院咨询医护人员，然后再根据病人的病情确定探望时间。探望住院病人的最佳时间一般为上午 10：00～11：00，下午 2：00～4：00，最好不要选择清晨、中午、傍晚或饭前饭后；探望在家休息的病人最好选择在下午进行。当然最好是提前打电话预约，再探望病人。

为照顾病人休息，与病人谈话和在病房内逗留的时间不宜过长，探望时间一般为 15 分钟，最多不超过半个小时。要注意适时地、婉转地结束探望，一方面避免因为自己探视时间过长影响了病房里其他病人的休息，另一方面也可以让病人多休息，避免疲劳影响其身体恢复。

2. 言行举止要得当

从心理学的角度讲，人在患病期间对他人的言谈举止非常敏感，因此，在病人面前，表情应当自然、亲切、冷静，一如既往，切忌言行举止不当。如果言语不慎或举止不当，往往会给病人增加思想负担，甚至更大的精神压力。具体做法如下：

第一，进房时要先敲门，让病人感到自己仍然受别人的尊重。

第二，不要大惊小怪。如果看到病床周围的医疗器械或药品等就大惊小怪，会给病人增加无形的压力。

第三，见到病人要像平时一样握手（不宜握手的病除外），亲昵的表示常常能传达出言语不能表示的情感。

第四，尽快落座。站在床前会使病人产生紧迫感，因此要尽快找一把椅子挨着床边坐下。

第五，选择合适的话题。探望病人时，最忌的是说些增加病人负担的话，应该尽量让病人减轻心理压力。不要愁眉苦脸，故作沉重，更不要一见面便“人未语，泪先流”，这样会使病人思绪烦乱，六神无主，不利于康复。谈话应尽量选择轻松愉快的话题，多谈病人关心、感兴趣的事，以转移对方的注意力，减轻精神负担。不宜提供一些旁门偏方。闲谈中始终让病人处于“主导”地位，有时可让病人多说几句。

第六，不透露、谈论病情。探望重病人时，一定要同家属、医生口径一致，不可轻易当病人的面泄露“天机”，以免影响治疗效果。不要谈论病情，不要对医生的水平、治疗方法及用药妄加评论。不可提及使病人不愉快或伤害病人自尊心的事情。

3. 礼品选择要合适

探望病人所带的礼品要根据对象和病情而定，礼品不在轻重，应以有利于病人尽快康复为原则。探望病人的礼品，可以选择水果或营养品，但注重精神效应的礼品会更受欢迎，如一本美丽的画册、一封充满情意的信，都能使病人享受到生活的乐趣，增强战胜疾病的信心。无须人照料的各种植物是送给住院病人的好礼物，不过，在送花草之前得先问明白病人是否对花草过敏。送给病人的鲜花，不宜选择清一色的白花和黄花，也不要送盆花，而应以象征青春永驻的紫罗兰、象征安慰的天竺葵和剑兰、睡莲等为宜。

总之，探望病人所带的礼品大有讲究，送礼要力争送到心坎里，不要送病人忌讳或华而不实的东西。

相关链接

探望病人时不宜带去的禁忌礼品

⊙对于患肾炎的病人，不宜送含动物蛋白质的食物，如肉、鱼、蛋等。

⊙对于患糖尿病的病人，不能送各种糖果、甜点心、水果、果汁等含糖食品。

⊙急性胰腺炎病人必须禁食，只靠静脉输液维持，所以探望时不能送任何食品；

对于患慢性胰腺炎的病人，不宜送高脂食物，如鸡、鸭、肉类、奶油、蛋糕等。

⊙对于患胃和十二指肠溃疡的病人，不宜送奶油蛋糕、橘子汁、杨梅露等食品。

⊙对于患菌痢、肠炎的病人，不宜送香蕉、蜂蜜、奶油蛋糕、核桃等。

⊙对于患胆囊炎、胆石症的病人，不宜送膀蹄、老母鸡、油炸和含油量较多的食品。

1. 判断对错（将判断结果填入括号中，正确的填"√"，错误的填"×"）

接待客人与客人相处时，我们可以"分秒必争"，一边跟客人谈天说地，一边看电视、读报纸、打毛衣。　　（　　）

2. 选择题

握手有伸手先后的规矩：（　　）。

A. 晚辈与长辈握手，晚辈应先伸手

B. 男女同事之间握手，男士应先伸手

C. 主人与客人握手，一般是客人先伸手

D. 电视节目主持人邀请专家、学者进行访谈时握手，主持人应先伸手

3. 综合训练

体验日常拜访接待的过程，掌握拜访接待的礼仪。以小组为单位，分别扮演拜访者和接待者，模拟拜访与接待的过程。自我总结，小组成员评议，教师点评、总结。

参考答案

1. 判断对错

×

2. 选择题

D

3. 综合训练

略

第四讲 公共礼仪

故事品鉴

徐老伯和小黄是邻居，都住在郊区的学府小区。徐老伯退休在家，小黄在市区上班。最近天气冷了，徐老伯气管炎毛病经常发作，而小黄最近也怀孕了，可他们都在为乘公交出行而烦恼。原因在于他们在公交车上多次遭遇了“吞云吐雾”的尴尬，患上了乘车“恐惧症”。

小黄每天都要乘504路公交车上班，徐老伯也经常要乘504路公交车去中医院看病，可本来就拥挤密闭的公交车上经常都有几个“老烟枪”旁若无人地吞云吐雾，司机也管不过来。徐老伯有两次实在受不了，只好中途下车喘息，而小黄有几次则差点呕吐。为了自己身体和未来宝宝的健康，小黄有时实在忍不住了，就出面请求乘客不要抽烟，有的人听了礼貌地道歉，可有的人听了不以为然，仍旧我行我素。他们真不知道接下来怎么办，只能祈祷寒冷的冬天快点过去，那时乘车就可以把车窗打开透气了。

点评

遵守公共礼仪其实并不是难事，在公共场合不妨碍他人是基本礼仪规范，每个人在公共场合都应注意检点自己的个人行为，不能图一己方便而干扰和影响他人。

公共礼仪是指在公共场所需要遵守的礼仪规范。我们每个人都会置身公共场所，进入公共活动空间，参与公共社会生活；我们都会走上大街，进入商场、公园、车站，乘坐公交、火车。学习公共礼仪就是学习在这些公共场所如何与他人和谐相处，包容谦让的行为要求。

一、公共场所礼仪

公共场所是指广大群众进行各种社会活动的公共空间，如广场、道路、公园、车站、商场等，具有公用和共享的特点。任何人都不可避免地会进入公共场所，参与社会活动。公共场所礼仪就是人们在公共场所活动过程中如何与他人和睦共处的礼仪规范。

1. 商场购物礼仪

购物之行，其实也是心情之旅，礼仪是维护良好的购物心情的前提条件之一。在购物时应做到以下几个方面：

（1）互相尊重，遵守秩序。在商场购物，顾客与顾客，顾客与营业员要互相尊重、相互体谅，营业员要尽量给顾客提供方便，顾客要尽量减少对营业员的麻烦。在购买商品时要遵守商场的秩序，进场、选物、付款要按序排队，耐心等待。

（2）态度平和，以礼相待。挑选商品和询问时，呼唤营业员语气要平和，称呼要得当，避免用命令式口气和驱使的神态，避免大声呼叫。

（3）选物当心，轻放慎拆（见图 2—16）。挑选商品时，要注意避免商品污染和损坏，取放小心，未经营业员同意，不随意分拆包装，因挑选造成商品污损损失要主动承担。

图 2—16 选物轻放慎拆

（4）语言文明，耐心交流。购买、挑选商品时要用“请”“谢谢”等礼貌用语，遇到态度不好的营业员要耐心冷静地讲道理，说不通的事情可以找其领导解决，避免在商场大声争执、吵闹。对营业员发生的差错要给予善意提醒。

2. 入住宾馆礼仪

宾馆也是公共场所，入住时也要注意自己的行为举止，体现良好的素养。

（1）预订礼仪。确定行程后，宾馆最好事先预订，预订的时候如不是以前住过的宾馆，最好事先上网查询，挑选合乎需求的宾馆再行预约，预约要交待清楚入住的日期、人数、时间、标准，同时询问地址、路线，并留下姓名和电话。

（2）登记礼仪。房间预订好后，如有变更要及时通知宾馆，如在预订的时间内不能按时到达，要及时与宾馆沟通，争取保留或另行安排房间。到达宾馆后，要尽快到前台办理入住手续，准备好相关证件（身份证、护照等），如登记的人多，应安静地按顺序等候（见图 2—17），不应抢位或乱挤，不能大声喧哗。登记完拿到钥匙后，去自己房间，行李多时可以请服务生帮助提拿，送达后要礼貌地道谢。乘电梯时应该注意不要妨碍别人进出。

图 2—17 按顺序等候

（3）入住礼仪。入住房间后，要注意以下事项：珍惜宾馆设施，不要损坏房内物品，不要弄脏家具和墙面，不要随地吐痰、乱倒茶水；注意保持安静，轻声开关门，不要把电视机的音量开得太大，不要大声喧哗、乱跑乱跳；不要进入陌生人房间；雨雪天气不要把雨水和鞋上烂泥带进房间；不要在饭店公共场所穿睡衣、内衣和拖鞋行走；不要因为有人打扫就把房间搞得乱七八糟，更不能把床单、毛巾拿来擦鞋和脏物；房间内垃圾要放入垃圾桶。

（4）离店礼仪。离开房间前检查一下随带物品，房间内衣架、水壶等物品尽量归位，关闭电视和空调，锁门离开；如果不小心损坏饭店物品要承担责任进行赔付，没有责任的要礼貌解释；结账完毕要向服务员礼貌道别。

提示

国内宾馆大多数都备有一次性用品，从环保的角度考虑，拖鞋、梳子、床单等物品，本人用过可以重复使用的，就不必天天更换，尽量减少用品消耗。

3. 剧院观赏礼仪

观看影剧是一种精神享受，必须保持文明、和谐的观赏环境。为了更好地观赏，观众必须遵守观赏礼仪要求。

（1）注意仪表形象。观看影剧应当着装整洁、大方，不应着背心、短裤、拖鞋、睡衣等太过随意的服饰入场。

（2）遵守入场秩序。买票人多时，要按序排队。进场尽量不要迟到，万一迟到了，要低声低姿进场，最好是请服务员引导入座，对起身让路的观众要小声致谢。遇到问题要请服务员帮助解决，切不可争执和大声喧哗。

（3）礼貌文明观看。观看影剧时，不要抽烟，不要吃带皮壳的食物，不要随口吐痰，不要乱扔杂物；不要大声发表评论或大声向同伴介绍剧情，身体不要上下左右晃动；不要脱鞋，不要两腿抖动或蹬踏前排座椅；不要直接对着前方和左右咳嗽和打喷嚏；遇到不感兴趣或不欣赏的情景，不要起哄或大声喧哗。

> **提示**
>
> 在观看舞台剧时，应适时对演员的精彩表演报以热烈的掌声。

（4）剧终有序退场。剧场演出结束，不要抢先离场，要按座位顺序依次退场，选择就近的出口通道离开剧场。

4. 景点旅游礼仪

旅游是一项使人身心愉悦的活动，旅游景点也是公共场所，旅游礼仪是建设文明和谐旅游环境的必然要求。

（1）爱护旅游景点的景物。旅游景点的一切景物都是观赏的资源，所有游客都有爱护的义务，对所有的建筑、设施、文物、花草、树木、一山一水都不该有任何损坏，不能在任何景点乱涂、乱画、乱刻、乱采、乱毁。

图 2—18　不乱扔废物

（2）保持旅游景点的整洁（见图 2—18）。在旅游景点要注意文明游乐，要文明使用各种设施，保持干净整洁的环境，不能乱扔废弃物，乱丢烟头、果皮，不能在未经允许的景区燃火野炊，不能污染景区水源。

（3）遵守旅游景点的规定。在一些旅游景点有特殊的游乐规定，要遵照告示和工作人员的提醒游览；在室内公共游览场所要保持安静；在博物馆、重要文物场所，要遵守不允许拍照等提示；在一些宗教场所和特殊风俗地域要注意尊重风俗习惯。

（4）维护旅游景点的秩序。旅游景点游客比较集中，要注意关心他人，注意礼让，景点游人多时要按次序排队。同一景点拍照时要主动谦让，遇有老、弱、病、残、孕要提供方便，游人多时要注意不要长时间占用游乐设施。在索道、桥梁、游船、活动设施等地游玩时，不要做出猛晃、敲打等行为，以免影响别人的安全和心情。

5. 图书馆、阅览室礼仪

图书馆、阅览室是借书和阅览的场所，是一个供人潜心学习、提升自我、掌握知识的场所。我们在利用图书馆、阅览室资源的同时，必须注意个人行为举止的文明，为图书馆、阅览室营造一个良好的学习氛围。

> **提示**
>
> 如果要与距离较远的的同学打招呼，或者向图书管理员请教，要走到他们的面前，不要高声叫喊。

（1）遵守阅览管理规定。要严格遵守图书馆、阅览室的管理规定，按开放时间出入，按规定要求借阅。借书时要按先后次序排队，不要拥挤插队、快速奔跑；进入阅览区，不要抢占座位，不要把东西放在其他座位上。

（2）维护安静阅读环境（见图2—19）。在阅览时要保持安静以免影响其他人阅读。走动时放轻脚步，移动椅子时，不要发出声音。尽量避免在阅览室与朋友交谈，不在阅览室吃东西，不在阅览室接听手机，进入阅览室前将手机关到无声状态。

图2—19　安静阅读

（3）保持室内卫生整洁。去图书馆、阅览室要衣着整齐干净，大方得体，要注意保持室内卫生，不能乱丢杂物，不能抽烟。查阅图书目录卡片和翻阅报刊时不要翻乱，不损坏卡片，不要在卡片上做记号。阅览时，不要在图书上划线、写字、折角，更不能撕页、裁剪图书，不要用脏手和脏布翻阅和擦拭书本，不能在桌椅上乱涂乱画。

（4）按时归还图书资料。图书资料要逐册取阅，不要同时占有多份，阅后要立即返回，借阅的图书资料要按时归还。

（5）特殊需要商量解决。在阅览图书时，遇有特殊需要借阅或翻印的图书资料，应与管理员联系，经允许后方可复印或拍摄。

相关链接

公共场合应遵守的公共礼仪规范

⊙遵守社会公德，维护社会秩序。

⊙注意仪容、仪态，言行大方得体。

⊙礼貌待人，尊老爱幼。

⊙爱护公共环境，保护公共财物。

⊙公共场所禁烟。

二、公共交通礼仪

公共交通也是人们社会活动中必不可少的公共场所，在驾乘交通工具时，为了保证安全和秩序，必须遵守相关的礼仪规范，要做到礼貌乘坐、和谐共处。

1. 道路行驶礼仪

道路是最主要的公共场所之一，我们几乎每天都要行走或驾驶车辆在道路上通行，行驶讲礼仪，人人都有责。

（1）严守交通规则。道路行驶必须严格遵守交通规则，严格按照人行道、非机动车道、机动车道的规定行驶路线和行驶时限行驶；不闯红灯。不违规行驶是道路行驶中最大的礼仪。

（2）维护道路整洁。讲究卫生是道路行驶中我们每个人都必须遵守的基本礼仪，要避免在道路上随地吐痰，乱抛杂物，乱扔果皮纸屑，尤其乘坐汽车时杜绝向窗外乱扔杂物。

（3）行走、行驶礼让为先。路上行走，遇到老、弱、病、残、孕要礼让先行；人多拥挤时，要依次通行；不在道路上嬉戏打闹，不占用道路聚集、交谈，不在交通路口抢道、奔跑通行。驾驶车辆遇到行人挡路礼貌请让，与行人相碰礼貌道歉；不抢道、路堵不插队；对行、交汇车时不开大灯，不随意乱揿喇叭。

2. 乘公交车礼仪

公交车是最普遍的公共交通，也是人员流动最大的交通工具，为了保证乘车秩序，礼貌乘车很重要。

（1）上车讲秩序。上车前要确定自己的乘坐方向和站点，根据先后次序排队候车；车辆到达时，不要推搡拥挤，按排队次序上车，遇到行动不便的老人、小孩要主动帮扶；上车后不抢座位，不要堵在车门口，主动让老、弱、病、残、孕和抱小孩的乘客先坐。

> **提示**
>
> 在公交车上交谈，要避免涉及他人隐私或者其他敏感话题。可以谈论天气、民俗、娱乐等开放性的话题。

（2）乘车讲文明。乘坐公交车时，不在车上吸烟，不吃带皮带壳的食品，不随地吐痰、吐口香糖，不扔包装纸和饮料瓶；不在车上大声喧哗，不嬉戏打闹，不把脏东西和有危险的东西带上车，不把动物带上车；不要对着其他乘客咳嗽和打喷嚏；不要带着满身尘土或油腻乘车，下雨天乘车要收好雨伞和雨衣，不要弄湿别人；有乘客下车时要主动让路，到站前提前换位，做好下车准备。

（3）下车讲安全。下车时要注意安全，不争先恐后，不挤占车门，车停稳后按次序下车，遇下车不方便人员要适当给予帮扶。

3. 乘火车礼仪

火车是日常出行重要的交通工具，也是人员聚集的公共场所，遵守乘车礼仪，可以为你和他人创造愉快的旅行环境。

（1）买票候车。乘火车最好提前买票，按车票上的乘车时间提前到达候车；在候车室候车时要爱护候车室内的公共设施，不要大声喧哗，不要多占座位，不要在座位上放置行李，不要随地吐痰和乱扔果皮纸屑；检票开始要按序排队，不要拥挤推搡，不要翻越隔离和座椅。

（2）上车乘坐。检票后进入站台，男士要主动帮助同行女士或年长者提好行李，并先行上车，找到座位，放好行李；站在座位上放置行李时不要弄脏座位，还要注意合理放置行李，不要把行李放在小桌上；要注意保持车内的整洁卫生，不在车厢内吸烟，不随地吐痰，不乱扔果皮纸屑，不将废物投到窗外；停车时不使用厕所（高铁、动车组列车除外）；未经同意不要使用别人的物品；不要大声说话干扰别人休息；不要脱鞋或把脚伸到对面座位上；需开窗时要顾及迎风座位的乘客感受；在坐席上不要东倒西歪，不要靠在别人身上或卧倒在座位上。

（3）下车出站。下车时拿好自己的行李，取行李时注意不要把行李架上别人的行李乱扔乱放；可与邻座友好道别；自觉排队下车，要让老、弱、病、残、孕者先行；到达出站口要主动出示车票，供工作人员验票后出站。

相关链接

火车上的用餐礼仪

在车厢内用餐，要注意以下礼仪：

⊙节省时间，不要长时间占用小桌，也不要摆放过多的食物在小桌上。

⊙在车厢内要避免食用带有刺激性异味的食物，以免影响其他乘客的情绪。

⊙餐后，要将食物残渣、垃圾放在方便袋里，然后放在小桌上的托盘里，等待服务员过来收拾，或者随手将垃圾带到车厢尽头的垃圾桶内。

⊙由于火车所能承受的垃圾数量有限，所以旅客最好少吃零食，尤其是一些皮壳较多的零食。

⊙在火车上要节约用水。

4. 乘飞机礼仪

飞机是远程出行的主要交通工具之一，保证安全文明地乘坐飞机，礼仪很重要。

（1）办理登机手续。到达机场后要提前办理登机手续，办理手续时，根据工作人员的要求出示相关票证。工作人员向你问候要给予回应；遇到人多时要按序排队，前面乘客办理手续时要在黄线外等候。

（2）按规定登机。乘坐飞机，要严格遵守安全规定，不能携带刀具、易燃、易爆、有毒、有害物品登机，在托运行李中也绝对不能携带；登机安检时要主动配合例行的安全检查；对飞机延误等问题，要理性交涉。

> **提示**
>
> 飞机上提供的毛毯、读物等应该爱惜，保持整洁。座位上的氧气罩和座位下面的救生衣是发生紧急情况时使用的，不可随意把玩。

（3）乘机礼仪。登机后要尽快放好自己的行李，对号入座，放行李时要考虑其他乘客，不要占过多的位置，如自己的行李较重应主动和其他乘客打招呼，调换到行李架下面位置；入座后，需要调整座椅靠背时，要注意不要影响后排乘客；在工作人员介绍安全知识时要注意听讲，并按要求做好；飞行过程中，尽量不要在过道走动；食物饮料要根据需要索取，不要浪费；注意要把废纸、杂物放在收藏纸袋内；交谈要轻声，坐在靠里位置的乘客出入座位，要礼貌地向邻座打招呼；飞行时要主动关闭手机和电子设备；遇到飞机误点、改降或其他问题，要服从乘务员的安排和指挥，不要惊慌失措，不要谈论飞行安全敏感的话题。

（4）离机礼仪。要待飞机完全停稳后方可松开安全带，取行李；离机时，要随队而行，不要前挤也不要慢腾腾影响别人；遇乘务员招呼要礼貌回应。

1. 判断对错（将判断结果填入括号中，正确的填“√”，错误的填“×”）

（1）超市购物本来就是开放的和随意的，商场有义务将物品摆放归类，因此顾客挑选时，可以随意翻找，挑选后不要的物品也不必归位。（　　）

（2）在图书馆阅览图书时，时间长了总要喝水、饮料的，喝点水吃点东西没关系的，只要自己注意不洒到图书上就可以了。（　　）

（3）入住酒店，服务生是为我服务的，帮我提行李是他的工作，不必道谢。（　　）

（4）乘坐公交车时，把宠物带上车是不礼貌的行为。（　　）

（5）乘坐飞机，遇到飞机改降时，不要惊慌失措，耐心询问乘务员改降原因。（　　）

2. 思考题

想一想，说说在旅游景点拍照时，要注意哪些礼仪。

3. 体验题

乘一次公交车，仔细观察，看看乘车过程中，会有哪些不符合礼仪要求的行为。

参考答案

1. 判断对错

（1）×；（2）×；（3）×；（4）√；（5）√

2. 思考题

略

3. 体验题

略

第三章 职场礼仪

最近，有网友在微博上讲述了一起“实习生拒订盒饭”事件：某会议上，主任对一名实习生说，麻烦你开完会给大家订盒饭，按人头，我请客。结果该实习生认真地说，对不起，我是来实习导演的，这种事我不会做的。这条微博引发了人们对90后群体的热议。有网友在论坛上吐槽90后的职场新人：参加公司聚会要么玩手机，要么当麦霸……帖子从侧面也道出了90后职场新人的尴尬：这一代人多是独生子女，从小就很自我，如何与上级、与同事相处，他们自有理解。

如果你是那位实习生，你认为该怎么做？

职场新人入职前学习一些职场礼仪，在职场中掌握并恰当地运用职场礼仪，有助于完善和维护自己的职业形象，有助于在职场中赢得别人的尊重和领导的赏识，有助于和同事建立相互信任、友好合作的关系。

职场礼仪是指人们在职场中应当遵循的一系列礼仪规范。良好的职业形象代表着一个人的内在修养，体现着一个人的综合素质。如今，职场的竞争不仅是实力的比拼，也是职场礼仪、职业形象的较量。只有做懂得礼仪的职场人，才能使自己的事业蒸蒸日上。

第一讲　求职应聘礼仪

故事品鉴

一个相貌平平的女孩，从一所极其普通的中职学校毕业，成绩也很一般。毕业后，她到一家外资广告公司去应聘。在她前面的三位应聘者学历都比她高，因此她对自己并不抱什么希望。抱着试一试的想法，她走进了经理办公室。外方经理看了她的材料后，面无表情地拒绝了她。女孩收回自己的材料准备离开，突然觉得自己的手被什么东西扎了一下，看了看手心，上面渗出了一颗血珠，原来是凳子上一个小钉子露在了外面，扎到了自己。她见桌子上有一块镇石，便拿过来用力地把小钉子压了下去，然后微微一笑，说声告辞就转身离去了。几分钟后，经理派人到楼下追上了她，并告诉她被破格录用了。

点评

目前有许多用人单位在招聘自己需求的人才时，都设置了一定的门槛，它们要求人才具备较高的学历、专业知识以及技能，但同时它们也非常重视人的礼仪修养和心理素质。

在越来越激烈的求职竞争中，面试已成为用人单位招聘人员所采用的一种普遍形式，同时也是应聘人员要闯的最后一关。心理学家奥里·欧文说，大多数人录用的是有礼节的人，而不是最能干的人。求职者在应聘中表现出的礼仪水平，不仅反映出求职者的人品和修养，而且直接影响招聘人员的最终决定。

一、投递简历的礼仪

1. 在招聘会上

参加招聘会最大的好处是能与招聘人员面对面沟通，能透过呆板的职位说明进一步了解企业和岗位的信息，同时也能了解到一些职场和行业的相关信息。初入职场的应聘者要从数以千计、眼花缭乱的岗位信息中寻找出适合自己的，不是一件易事，往往会挑花眼、转了向。所以，要注意以下事项。

（1）有序进场。人才招聘会，尤其是大型的招聘会，一般参加的人都很多，求职者要注意共同维护现场秩序，有序进场。不能一拥而上，或是横冲直撞。很多求职者都会请家属或朋友陪同前往，注意不要有过多的人陪同。陪同的人过多，一方面会使现场更加拥挤，不利于求职、咨询，另一方面会显得应聘者独立性较差，给招聘单位留下不好的印象。

（2）定位要清楚。不要一到招聘会现场就开始奔波于各个招聘展台前，留下一堆求职材料，然后转身就走。招聘方所要招聘的岗位一般都会在展板上清楚地列出，求职者可根据自己的性格、兴趣、技能和岗位要求，寻找与自己专业方向和职业发展一致的职位。可与招聘人员进行适当接触和交谈，当招聘人员表露出一定的兴趣时，你可以适时地留下你的简历。不能走到摊位前就问招聘方“你们招什么人”，这样会显得对招聘单位不尊重。

> **提示**
>
> 一般招聘单位筛选一份简历所用的平均时间只有三十几秒，因此简历一定要写得简洁、精练，突出优势。

（3）准备足够的求职材料。参加招聘会应该准备足够的简历等求职材料，避免有了机会却没有准备。但是，也不要一次提交大量的求职材料。

（4）递送简历时要注意适当的礼仪。直接投递简历，要注意自己的衣着、仪表和谈吐，体现自己良好的礼仪修养（见图 3—1）。例如，不能一边向招聘人员递送简历，一边却在接听手机。

图 3—1 投递简历

2. 在招聘网上

（1）把简历粘贴在正文中，切忌使用附件。一个职位的招聘信息发出去后，会有大量的应聘邮件塞进邮箱。求职者不要把简历放在附件里发出去，这样会增加招聘人员阅读求职者简历的时间，甚至附件还没被阅读就被直接删除。

（2）一份简历投寄一个职位。投寄简历的时候，切忌一口气投寄同一个公司的多个职位，特别是一些根本不相关的职位。比如，同时应聘“技术部高级经理”和“销售部高级经理”，这样只能说明求职者对自己的未来没有规划和信心不足。

（3）注意简历的投递格式。如果没有特别的要求，求职材料的标题应使用中文，不要使用英文或特殊符号。如果是通过各种求职网站投寄时，一定要严格按照网站上要求的格式输入邮件标题，比如“姓名＋应聘岗位＋信息来源”。这样，招聘人员可以对求职者应聘的职位一目了然，也不会被一些企业的内部邮件系统自动归类到“垃圾邮件”中。

（4）要用私人邮箱。在给用人单位发送简历的时候，要用自己的私人邮箱，切勿用公司的邮箱。还要选择稳定性、可靠性高的邮箱，尤其是免费邮箱的选择更要注意。如果邮箱可靠性不高，发送的简历对方没有收到，或者对方回邮的过程中信件丢失，这很有可能使你错失机会。

相关链接

制作自荐材料应注意的问题

简历、求职信、就业推荐表及一些辅助材料都需要认真地制作，并注意以下几个方面。

1. 内容翔实，格式规范。求职材料是对自己学习生活的一个全面总结，既要全面反映自身的基本情况，又要反映自己的特长、爱好；不仅要突出自己的优点、成绩，也要说明自身存在的问题和缺点；不仅要说明自己对用人单位的提供职位感兴趣的原因，还要表达自己努力工作的决心。内容应全面，但应言简意赅，突出重点，切忌长篇累牍、废话连篇，切忌为了赢得用人单位的好感而弄虚作假，最后只会是画蛇添足、弄巧成拙。

2. 富有个性，注重针对性。由于不同的用人单位对求职者的要求不尽相同，求职材料的准备也应根据不同的单位有所差异。如果你想去应聘“三资”企业的职位，那么最好要准备中英文对照的材料；欲去少数民族地区择业，能用民族文字撰写求职材料则效果更佳；如果你是去应聘广告设计的职位，那么你的求职材料最好能体现你的个性和创意，表现出良好的修养和较高的文化素质。

3. 设计美观，杜绝错误。准备求职材料的目的之一就是要吸引招聘单位，引起对方的兴趣，因此，整份材料无论是手写或是电脑打印都要整洁美观，让人看了感觉舒服。但最重要的一点是要杜绝错误，无论是语法错误、错别字、标点符号错误或者印刷错误，都应尽量避免。在一份本来就不长的求职信中出现了多处明显错误的话，会给人一种不良印象，对求职极为不利。

总之，好的自荐材料应全、准、实、特、“可变”。全，就是全面地反映德、才、体、能、技等方面。准，就是对自己的成绩、优势、不足评估实在，表述无误。实，就是实事求是，不仅是学习成绩表现实在而且就业愿望、工作适应范围都应符合自己的实际；特，就是特点、特长以及性格特征几方面。一位名人说过，“没有特长的人不能称为人才”。事实上每个人都有自己的特长，一定要认真总结出来。“可变”，就是在自荐材料的基本事实不变的情况下“就业愿望”和“工作适应范围”可变，就是根据用人单位的不同情况在自荐材料的“就业愿望”和“工作适应范围”两方面作不同的表述。

二、求职面试的礼仪

面试是一种在特定场景下，经过精心设计，主考官通过与应试者双方面对面的观察、交谈等双向沟通方式，了解应试者素质特征、能力状况及求职动机等的人员甄选方式。

1. 求职面试前的礼仪

（1）心理准备。

1）正确评价自己。要了解自己的长处和短处，实事求是地评价自己，既不妄自尊大，也不妄自菲薄。要考虑在面试时如何扬长避短。

2）知己知彼。面试前要通过多种渠道了解应聘单位的情况。了解越多，自己的准备就越“有的放矢”，成功的把握就越大。

3）降低期望值。要“从坏处着想，从好处努力”。事实证明，适度的紧张会让人注意力更集中，更有利于临场发挥；但如果期望值太高，就会对应聘失败的结果过分恐惧，进而产生不必要的紧张，反而不利于自己的发挥。

> **提示**
>
> 即使应聘不成功，也要放平心态，把它当作一次有益的尝试。要坚信“天生我材必有用”。大方、从容地面对求职应聘，才能在应聘中举止得体、思维敏捷、妙语连珠。

（2）物件准备。面试前，要准备好面试中可能需要用到的物件，包括公文包、求职记录笔记本、多份打印好的简历、面试准备的材料、个人身份证、照片等，所有准备好的文件都应该平整地放在一个牛皮纸的信封里。

1）公文包。求职时带上公文包会给人以专业人员的印象。公文包不要求是贵重的真皮包，但应看上去大方、典雅，大小应可以平整地放下 A4 纸大小的文件。

2）笔记本。笔记本里面应记录有参加过求职面试的时间、各公司名称、地址、联系人和联系方法，面试过程的简单记录、跟进记录等。求职笔记本应随时带在身边，以便记录最新情况或供随时查询。

3）除此以外，还应准备好笔、简历、身份证、照片，学历证书、所获奖励证书等备查文件的正本和复印件。

> **提示**
>
> 如果面试时公司人事主管提出查看一些文件的正本而面试者又没有带的话，是非常尴尬和不礼貌的，这是面试中最应该避免的疏漏。

（3）信息的准备。接到面试通知后，要尽量全面了解用人单位的相关信息。

1）了解单位和职位的情况。对于单位的性质、业务范围、发展情况、历史、价值观等应做到心中有数，一般而言，比较大型的公司、机关单位往往可以从网上查询到该公司的有关信息。此外，了解招聘岗位对知识技能的具体要求，有利于有针对性地展示自己的特长。

2）了解面试程序。尽可能了解面试的相关信息，如面试时间、面试时的具体位置和房间，明确面试方式及内容，是否有笔试等。

3）了解交通信息。接到面试通知后，应将用人单位地点清晰记录，了解住址到面试地点的交通路线。

（4）注意仪容仪表。仪容仪表在人际交往的最初阶段，往往是最能引起对方注意的，人们常说的“第一印象”，多半就是来自一个人的仪表。在面试之前，除了要做好面试所需要的各项准备，如果还能够利用 5 分钟对自己的仪容仪表进行检查的话，可使自己的心情轻松，充满信心，也可使其他人感到舒畅。

男生要注意以下几个方面：短发，清洁、整齐，发型不要太新潮；精神饱满，面带微笑；刮去胡须，饭后洁牙；短指甲，保持清洁，定期修剪；领带紧贴领口，并系得美观大方；西装平整、清洁，西裤平整、有裤线，西装口袋不要放物品；穿白色或单色衬衫，领口、袖口无污迹；皮鞋光亮，配深色袜子；全身颜色在 3 种以内。

> **提示**
>
> 禁忌：无论男生女生都不能在面试时穿 T 恤、牛仔裤、运动鞋，一副随随便便的样子，百分之百是不受人事主管欢迎的。

女生要注意以下几个方面：发型简朴、稳重，梳理整齐，头发不宜染鲜艳的颜色；化淡妆，面带微笑，如果抹香水，应用香型清新、淡雅的；嘴巴、牙齿清洁、无食品残留物；指甲不宜过长，并保持清洁，若涂指甲油，须为自然色；穿正规套装，大方、得体，若穿裙子，长度要适宜；着肤色丝袜，无破洞；鞋子光亮、清洁；全身颜色在3种以内。

2. 求职面试时的礼仪

（1）提前到达。面试时一定要遵时守约，迟到和违约都是不尊重招聘人员的表现，也是一种不礼貌的行为。如果有客观原因须改期面试或不能如约按时到场，应事先打个电话通知招聘人员，以免对方久等；如果已经迟到，不妨主动陈述原因，这是必要的礼仪。面试时，求职者最好提前15分钟左右到达面试地点，以表示求职者的诚意，给对方信任感。而且这样可以先熟悉环境，找到准确的面试场所，稍稍休息一下，有利于稳定情绪，进一步做好面试前的思想、心理准备，从容不迫地进入面试场所。避免一到面试地点就气喘吁吁、慌里慌张进面试室，这会给招聘人员留下不好的印象。

> **提示**
>
> 在等待时，切记不可不停地看手表或在大庭广众之下做补妆的动作。如果在接待室恰巧遇到朋友或熟人，不能旁若无人地大声说话或笑闹，也不要对刚才面试的过程大肆渲染。

（2）耐心等候。求职者到达面试地点后，可对接待人员作简单的自我介绍，然后直接前往面试室，切忌东张西望。对待接待人员，举止动作也应端庄有礼。在到达面试室前，在走廊或电梯遇到面试公司的职员，都应礼貌的问候，并注意自己的言行举止，切忌问东问西。

按照面试公司人员指示的场所，静静地坐好（见图3—2）。求职者切忌在未受指示前，随意乱坐，这容易让人产生过于随便的负面印象。

图3—2　耐心等候

（3）从容进入。进入面试室，一定要先敲门再进入，千万别冒冒失失地直推而入，给人以鲁莽、无礼的印象。入室应当整个身体一同进去，入室后，背对主考官将门关上，然后缓慢转身面对主考官，要从容、自然。

进门后，应主动微笑着向主考官点头、打招呼，礼貌地问候。真诚、自然、由衷的微笑可以展现一个人的风采，表现出自信、友好、亲切和健康的心理，给人留下美好的印象。

当主考官已经坐下并对你说“请坐”或示意坐下后，要先道谢，然后再按指定的位置落座。落座后，坐姿合乎规范。切忌不请自坐。如果考官向你伸过手来，你要同他热情握手。切忌主动去和考官握手。

（4）自我介绍。面试时，一般要作简单的自我介绍。自我介绍要简洁、清晰，充满自信，态度要自然、亲切、随和，语速要不快不慢，目光正视对方，切忌以背诵朗读的口吻把求职材料上写得清清楚楚的内容再说一遍，那样只会令主考官觉得乏味。应用两分钟左右的时间，根据你所应聘的岗位重点介绍与之相关的学历、经历、能力及个性特征等，且要言之有物。一位公共关系学教授说过这样一句话，“每个人都要向孔雀学习，两分钟就让整个世界记住自己的美”。

（5）从容对答（见图3—3）。与日常交往不同，求职应聘是一种检测性的被动交谈，尽管事前有充分准备，但主考官仍可能会提出各种各样难以回答的甚至于刁钻的问题来了解你的品德修养、思维水平和协调应变能力。这就需要应聘者临阵不慌，用细致的心理、冷静的心态、理智的语言、正确的思维予以恰当的回答。有些问题不宜正面回答，可用委婉的或带有伸缩性的语言来机智回答。如谈自己的缺点，既要讲出一两点，又不能贬低自己，最好通过谈缺点来显示自己的与众不同。

图3—3 从容对答

任何人都不可能是万能的。在面试中，如果遇到实在不会答或不懂的问题，就应坦诚相告。著名的交际大师戴尔·卡耐基年轻时曾到一家公司谋求推销员的工作，总经理看着这个不起眼的年轻人，出了一道试题，好让他知难而退。“嗨，假如我让你把一台打印机推销给本地的农场主，你行吗?”“对不起，先生。我没办法做到，因为农场主不需要它，我的一切努力将是徒劳。”卡耐基不假思索地回答。“恭喜你，小伙子，从今天开始你就是我们公司的推销员了。”卡耐基就是因为说了一句大实话获得了一份宝贵的工作。

在面试过程中，主动的交谈传递出主考官需要的信息，展示出你的能力和风采。而“聆听”也是一种很重要的礼节。聆听就是要对对方说的话表示出有兴趣。在面试过程中，主考官的每一句话都可以说是非常重要的。你要集中精力认真地去听，要记住说话人讲话的内容重点，并了解说话人的希望所在，而不要仅仅注重说话人的长相和语调。在聆听对方说话时，要自然流露出敬意，这才是一个有教养、懂礼仪的人的表现。

> **提示**
>
> 好的聆听者会做到：
>
> 1. 记住说话者的名字。
>
> 2. 目光注视说话者，适当地点头、微笑、提问。
>
> 3. 身体微微倾向说话者，表示对对方的重视。
>
> 4. 了解说话者谈话的主要内容。
>
> 5. 不离开对方所讲话题，巧妙地通过应答，把对方讲话的内容引向所需的方向和层次。

（6）有始有终。面试结束时，不论是被顺利录取，得到梦寐以求的工作机会，还是只得到一个模棱两可的答复，都应体现应有的礼貌。

与主考官最好以握手的方式道别，离开面试室时，应该把刚才坐的椅子扶正到刚进门时的位置，再次致谢后出门。经过前台时，要主动与前台工作人员点头致意或说“谢谢你，再见”之类的话。

三、等待应聘结果的礼仪

许多求职者只留意应聘面试时的礼仪，而忽略了应聘后的善后工作，而这些也能加深别人对你的印象。

1. 感谢

为了加深招聘人员对你的印象，增加求职成功的可能性，面试后两天内，求职者最好给招聘人员打个电话或发个邮件表示谢意。

电话感谢要简短，时间不超过5分钟，电话里只表示感谢，不询问面试结果。打电话前，最好厘清思路，打好腹稿，说话时音量适中，表达明确，通话结束时，要等对方先挂电话。

邮件的开头应提及你的姓名及简单情况，然后提及面试时间，并对招聘人员表示感谢。邮件的中间部分要重申求职者对该公司、该职位的兴趣，增加些对求职成功有用的事实内容。邮件的结尾可以表示求职者对自己的素质能符合公司要求的信心，或希望能有机会为该公司的发展壮大作出贡献。邮件内容要简洁。最好不超过一页。

例：面试后的感谢信

尊敬的高经理：

我是×××，感谢您昨天为我面试花费的时间和精力。和您谈话觉得很愉快，并且了解到许多关于贵公司的情况，包括公司的历史、管理方式以及公司宗旨。

正像我已经谈到过的，我的专业知识、经验和成绩对贵公司是很有用的，尤其是吃苦钻研精神。我还在公司、您本人和我三者之间发现了思想方法和管理方法上的许多共同点。我对贵公司的前途十分有信心，希望有机会和你们共同工作，为公司的发展共同努力。再一次感谢您，希望有机会与您再谈。

此致

敬礼！

×××

××××年××月××日

> **提示**
>
> 据调查，十个求职者往往有九个人不回感谢邮件，求职者如果没有忽略这个环节，则显得鹤立鸡群，格外突出，说不定会使对方改变初衷。

2. 礼貌地进行电话询问

求职者在面试结束后，一定要耐心等候消息，不要过早打听面试结果。面试结束两周左右，如果还没有回音，可以给负责招聘的人打电话询问面试结果。电话询问时，要注意好时间的选择。从礼仪角度讲，要找对方方便的时间。建议以下时间不要打电话：每天上班后一小时和下班前一小时，周一上午和周五下午，节假日休息时。

面试失败的10个细节

面试是让很多求职者与心仪职位失之交臂的环节。要想在面试中成为胜利者，就要做好多方面的准备，连一些不经意的小动作也不能忽略。专家提醒，面试时一定要注意细节，不要因为细节问题与喜欢的工作失之交臂。

⊙面试迟到。迟到是面试中的大忌。如果觉得时间过于紧迫，可以在通知面试时说明情况，争取调整时间。

⊙家人、朋友陪同。家人、朋友陪同面试很不明智，这会给面试官留下不够独立的印象。

⊙拽衣角、摆弄纽扣等小动作。求职者在面谈时，由于紧张或不适应，无意间会拽衣角或摆弄纽扣。这个小动作很容易让主考官看出你的紧张、焦虑，留下不成熟、浮躁的印象。

⊙跷二郎腿或两手交叉于胸前。不停地轮换交叉双腿，是不耐烦的表现，而一直跷着二郎腿则会让主考官觉得你没有礼貌。

⊙夸张的肢体动作。面试时适当的手势能帮助你更好地阐释自己的观点，不过动作太过活泼、夸张则会给人留下不稳重的印象。

⊙拨弄头发。频繁用手拂拭额前的头发，会透露出你的敏感和神经质，还会令人产生不被尊重的感觉。为避免这种习惯影响到面试的结果，求职者最好将长发扎起来，或将头发梳理整齐，这样既显得精神又能避免不经意间拨弄头发。

⊙不停地看表。不论是在面谈或与人交谈时，不停地看时间，会让人产生压迫感。因此，求职者要把握好时间，千万不要频繁看表。

⊙眼神飘忽。面试时两眼到处乱瞄，容易让主考官觉得这是一位没有安全感、对任何事都不抱有信任感的求职者。最好的方法是面带微笑，眼睛看着谈话者，同时头微微倾斜。

⊙抱怨上一个公司。面试的大忌就是在面试的时候一直抱怨原来工作的公司。关于离职原因，你可以说离职是由于个人职业规划，或者是为了更好的发展。就算确实是和前公司有冲突而离职的，在面试的时候还是不要说出来。

⊙过度关注薪水。谈不到几句话就开始问薪水，问待遇，这是极不礼貌的。虽然这些确实关系到个人利益，适当问问也属正常，但一定不要在薪水上过度纠缠。这样会使主考官担心：你这么在乎钱，万一哪天别人多给工资，你就会跳槽。

1. 选择题

(1) 男性的“三个三”不含（　　）。

A. 全身不能多过三种品牌

B. 鞋子、腰带、公文包三处保持一个颜色，黑色最佳

C. 全身颜色不得多于三种颜色（色系）

D. 三大禁忌，即：西装左袖的商标没有拆掉；职场中人最好不要穿尼龙丝袜，而应当穿高档一些的棉袜子，以免产生异味；职场人士不要穿白色袜子，尤其是职场男性着西服正装并穿黑皮鞋时

（2）求职交往中女性佩戴首饰的原则是（　　）。

A. 符合身份，以少为佳

B. 同质同色

C. 不佩戴珍贵的首饰

D. 不佩戴展示性别魅力的首饰（如胸针、脚链）

2. 案例分析

有C君接受某食品生产企业的面试。面试结束之前主考官请他提问，C君并无问题，不回答怕给主考官留下不好的印象，就随口问了一个问题："贵公司的产品有哪些？"考官甚感诧异，隐隐有些不快。其实，该公司是生产食品的国内知名企业，其产品几乎家喻户晓。C君对其"企业介绍"不曾浏览，故有此问。

【问题】

A. C君会通过面试吗？

B. 原因是什么？

3. 综合训练（用角色扮演法完成下面的作业）

掌握面试过程中的礼仪，体验求职面试的过程。由老师扮演招聘单位的面试官，部分学生扮演应聘者，完成进门、坐下、问答、结束、离开等整个面试过程。学生评议，教师点评、总结。

参考答案

1. 选择题

（1）A；（2）A

2. 案例分析

略

3. 综合训练

略

第二讲　岗位礼仪

故事品鉴

这是一场艰难的谈判。一天下来，美国约瑟先生对于对手——中国某医疗机械厂的范厂长，既恼火又敬佩。这个范厂长对即将引进的“大输液管”生产线非常熟悉，不仅对设备的技术指数要求高，而且价格压得很低。在中国，约瑟似乎没有遇到过这样“难缠”而又有实力的谈判对手。他断定，今后和务实的范厂长合作是会顺利的，于是信服地接受了范厂长那个偏低的价格。双方约定第二天正式签订协议。天色尚早，范厂长邀请约瑟到车间看一看。车间井然有序，约瑟边走边看，不住地赞许。走着走着，突然，范厂长觉得喉咙里像是有一条小虫在爬，不由得咳了一声，便急忙地向车间的一角跑去。约瑟诧异地盯着范厂长，只见他在墙角吐了一口痰，然后用鞋底擦了擦。油漆的地面留下了一片痰渍。约瑟快步走出车间，不顾范厂长的竭力挽留，坚决要回宾馆。

第二天一早，翻译敲开了范厂长的门，递给他一封约瑟的信：“尊敬的范先生，我十分敬佩您的才智与精明，但车间里您吐痰的一幕使我一夜难眠。恕我直言，一个厂长的卫生习惯可以反映一个工厂的管理素质，况且我们生产的是用来治病的输液管。贵国有句俗语：人命关天，原谅我的不辞而别，否则，上帝会惩罚我的……”

范厂长只觉得脑袋“轰”地一声，像是要炸了。

点评

医疗器械生产对环境和员工的卫生要求很高，约瑟的理由并不过分，完全是对企业和产品负责、对公众负责的表现，同时还表现了他的科学管理和文明修养的水准。相比之下，尽管范厂长有谈判的才能，但他的文明素质和岗位礼仪有些逊色，因而错失良机。

礼仪的重要性在岗位工作中不言而喻，有时甚至决定事情的最终结果。所以，在现代社会，掌握一些岗位礼仪，有时会使你的工作事半功倍。

一、办公室工作人员岗位礼仪

在办公室，员工要表现出对自己和他人的尊重，因此要十分注意办公室礼仪。

1. 修饰得体

（1）头发：要经常清洗、修剪、梳理，保持卫生、美观。

（2）面容：男性要随时刮掉胡须，保持清洁卫生；女性可以略化淡妆，显示出清雅、愉快、自信的神态。

（3）着装：服装要干净、整洁、挺括。男性应以深色西装为首选，女性应穿着得体、大方的职业装。不宜穿背心、拖鞋到办公室。

（4）个人卫生：注意口腔卫生，上班前不喝酒，不吃有异味的东西，经常洗澡、剪指甲。

> **提示**
>
> 女职员不能浓妆艳抹，不宜用香味浓烈的香水和佩戴过多的首饰。涂指甲油要尽量用淡色。不适合穿过于暴露或紧身的服装。

2. 举止优雅

（1）站姿。两脚脚跟着地，腰背挺直，两眼正视，两肩平齐，双臂自然下垂或体前相搭，并保持饱满的精神。站累了可以调节姿态，把身体的重心轮流放在两腿上，也可以轻轻地倚在某物体上。会见客户、出席仪式或在长辈、上级面前，不得把双手交叉抱在胸前。

（2）坐姿。坐下时，要轻坐、轻起，女性更要轻稳。坐姿要端正、自然、放松。不能把腿跷到桌子上，更不能坐在办公桌上面。

（3）行姿。步幅要稍小，动作要轻捷、稳重、从容不迫，不要奔跑，不要左顾右盼、东张西望。走通道或走廊时要把脚步放轻，不得大声唱歌或吹口哨。在通道上遇到上司或客户要礼让，与同事相遇时应点头行礼表示致意。

（4）握手。背脊要挺直，不弯腰低头。要大方热情地伸手，握手时注意先后顺序。不要用力太大，时间太长；也不要太轻，只捏一下手尖；不要用左手握；握手后不要立刻用手帕或餐巾纸擦手。

（5）进入房间。进入他人房间时，不论房门是开是关，都要先轻轻敲门，听到应答再进入，不可贸然进入。出入房间时，要轻轻把门关上，不能大力、粗暴。

3. 谈吐文雅

（1）与人交谈，态度要真诚、谦逊、和善。

（2）语言要规范，用语要高雅文明，准确礼貌地使用各种称谓。吐字清晰，语音不高不低，语速不快不慢。避免使用过多的方言土语。

（3）不说脏话、脏字，不说禁忌语，不嘻嘻哈哈，不随意开玩笑。

（4）切忌高声喧哗，旁若无人。

4. 工作常规礼仪

（1）上班时间，应当精力集中，耐心细致，全力以赴。

（2）在办公室里对领导、同事都要讲究礼貌。领导和同事到来，要起立，主动打招呼。在工作中要讲究男女平等，遵循社交中女士优先原则。

（3）外单位来人，要让座、倒茶，离开时要热情相送。

（4）办公室接打电话的礼仪不可忽视，礼貌用语不可省略。如果是对外业务，接听时一定要说“您好，××单位”，如果是对内业务，接听时应说“您好，××部门”等。

（5）递交文件时，要把正面朝上并使文字对着对方；至于刀子或剪刀等利器，应把刀尖向着自己。

> **提示**
>
> 办公室要避免的事项：
>
> 上班迟到；
>
> 办公室闲聊；
>
> 非公事上网；
>
> 用办公室电话打私人电话。

（6）不要办私事、干私活，不接待私人亲戚、朋友，不带孩子和外人到办公室。

（7）在他人办公室不宜逗留太久，一般不宜超过 20 分钟。不随意翻看别人桌上的东西，不随意开别人的抽屉。

（8）在办公室中要保持工位整洁、美观大方，不宜陈列过多私人物品。不在办公室里吸烟，更不要口衔香烟四处游荡。

（9）避免在办公区域用餐，实在不能避免，就餐完毕之后迅速通风，以保持空气清新。

相关链接

使用公司公共设备的礼仪

1. 公司员工有责任维护和保护公司的所有办公设备及工具，不应将公用设备带离公司，如有特殊原因，应到相关部门报批，并按时归还。公司提供给员工的办公设备、工具和书籍如有丢失、被盗，员工应负一定责任。

2. 复印机、传真机、打印机等一般遵循先来后到的使用原则，如果需要复印、传真或打印的文件很长，可以让后面需要处理文件较少的同事先用。相互协调，做到合理安排。

3. 在公司一般不要复印、传真或打印私人资料。

4. 如果遇到复印机、传真机或打印机纸张用完时，应及时更换新纸张。如果遇到机器出故障，应及时找出原因，先处理好再离开，如果不懂修理，就请专人帮忙，不要把问题留给下一位同事。

5. 公共设备使用完毕后，不要忘记将你的原件拿走，否则容易丢失或泄露信息，给自己带来不便。使用完后，要将机器设定在节能待机状态。

6. 借阅公司的书籍，应尽量保护完好，不批画、涂改、污损书籍，不对书籍进行撕扯、割页。使用完后，应立即归还书籍保管处，以免丢失。不要擅自把公司书籍携带出公司。

二、车间工作人员岗位礼仪

车间是企业生产的基本单元，员工在车间工作时，要遵守一定的行为礼仪规范，这样既显示了自己的素养，又可以确保自己和他人的人身安全。

1. 个人礼仪

（1）正确穿戴工服，佩戴厂牌。

（2）保持良好的站姿、坐姿，立要正、坐要直，不可东倒西歪。

（3）自然行走，步履平稳，不可大摇大摆，勾肩搭背，勿远远高声呼叫他人。

（4）与长辈、领导同行时，原则上应让其先行，在长辈或领导面前不要双手交叉抱在胸前或放在背后。

（5）与人交谈要言语亲切、自然、得体、文明，目光要正视谈话对象。与同事交谈尽量用普通话。

2. 上岗礼仪

（1）自觉遵守考勤制度，上下班打考勤卡时应排队，并勿请人代为打卡。

（2）在正常上班时间需要外出时，应事先向主管请示报告并办理有关手续。未经许可，严禁离岗，离岗要按照离岗规定登记。

（3）上班时间不准睡觉、干私活、做与生产无关的事。

（4）车间内严禁吸烟，吸烟到专门的区域。

（5）上班工作期间不得喝酒、用餐、吃零食。

3. 生产礼仪

（1）发扬团结协作精神，工作中同事之间相互配合，相互帮助。

（2）服从领导指挥，接受领导安排的任务和指示。

（3）保持地面清洁，不随地吐痰，不乱扔垃圾、杂物。

（4）节约生产原料、物料，并确保产品品质。

（5）爱护生产设备，做好设备保养。

相关链接

安全生产区内的“十个不准”

⊙加强明火管理，防火、防爆区内不准吸烟。

⊙生产区内不准带进小孩。

⊙禁火区内不准无灭火器车辆行驶。

⊙不准使用汽油等挥发性强的可燃液体擦洗设备、用具、衣物。

⊙安全装置不齐全的设备不准使用。

⊙不是自己分管的设备、工具不准使用。

⊙检修设备时，安全措施不落实，不准开始检修。

⊙停机检修后的设备，未经彻底检查，不准启动。

⊙不戴安全带，脚手架、跳板不牢，不准登高作业。

⊙石棉瓦上不固定好跳板，不准登石棉瓦作业。

三、服务岗位工作人员岗位礼仪

随着物质生活水平的提高，人们更加注重具有个性化和人情味的产品和服务。因此，服务人员需要把越来越多的注意力放在如何提升服务质量上，而提升服务质量的手段离不开礼仪的运用。掌握好服务礼仪，不仅可以树立服务人员和企业的良好形象，更能让服务人员在与客户交往中赢得理解、好感和信任。

> **提示**
>
> 服务礼仪就是服务人员在工作岗位上，通过言谈、举止、行为等，对客户表示尊重和友好的行为规范和惯例。简单地说，就是服务人员在其工作场合适用的礼仪规范。

不同行业在发展过程中形成了各自丰富的行业礼仪，下面主要讲述营业员、宾馆服务人员及导游的礼仪规范。

1. 营业员的礼仪规范

（1）注意仪容仪表。营业员的形象在某种程度上代表着单位的形象，很多单位为体现统一性及专业性，会要求自己的营业员统一着装，统一妆容，这种统一性会给顾客一种信赖感。

对于营业员的仪容仪表还有一个整体的礼仪规范：穿着整齐、干净、大方得体；女员工不宜穿过艳的服饰，可以化适当的淡妆，切忌浓妆艳抹；男员工头发不过衣领，不留胡须，保持脸面干净，保持头发干净，梳理整齐，适量地使用一些定型发胶。鞋袜为黑色或深色，皮鞋每天擦拭以保持锃亮。精神饱满，面带笑容。

（2）注意姿势。营业员的姿势礼仪包括站姿、走姿、鞠躬及手势。

1）站姿。脚腿合拢、脚尖自然分开呈30°；双臂自然下垂，双手交握于身前，挺胸收腹；目光自然平视前方；不叉腰、不双臂抱胸；不倚靠货架、不打哈欠、不伸懒腰。

2）走姿。抬头挺胸，双臂自然摆动，双眼平视前方，面带笑容，快步行走，给人以充满活力、自信向上的印象，切不可左顾右盼或盯着顾客上下打量。

3）鞠躬。一般大型的商场，营业员还有给顾客鞠躬的服务礼仪。鞠躬时，保持标准站姿，双手交握于身前，上身微微前倾30°，然后辅以适当的手势引领顾客，并说“欢迎光临”。

4）手势。在介绍产品时，手指自然并拢，手掌向上方呈45°，以关节为轴指向目标。

（3）面带微笑。微笑能给营业员和顾客创造良好的沟通环境，加深彼此间的信任。营业员的微笑要求把眉头展开，露出八颗牙齿，发自内心地带上友好的眼神交流，真诚而自然地微笑，切不可只是机械化地张开嘴笑。

（4）言谈技巧。说话时态度要真诚谦恭，以示对顾客的尊重，让顾客觉得营业员在为自己着想。要认真、虚心地倾听顾客对产品的评论，多用肯定的话语来回复顾客；如果顾客提出的要求无法满足时，要用委婉的语气向顾客表达歉意，而不是不耐烦地敷衍、指责。

在与顾客交谈时，还要注意一些表情的配合，如说话时看着对方脸部的“T”字区（额头和鼻子所在的区域），不要面带困倦，不要走神。注意多用礼貌恭敬的文明用语，如“您好”“很高兴为您服务”“欢迎下次再来”等。

（5）善用赞美。营业员要善于发现顾客身上的优点，还要善于体察顾客的内心需求，然后态度真诚地给予顾客赞美。赞美时要做到自然不做作，还要把握好时机，要做到适可而止、实事求是、恰如其分。

> **提示**
>
> 服务时态度要热情，不要感觉顾客没有买的意愿就冷落顾客，热诚的态度往往会让顾客停下脚步。但也要注意不可太过，以免有讨好之嫌，反而会引起顾客的反感。

相关链接

服务岗位的手势礼仪

⊙横摆式：以右手为例，将五指伸直并拢，手心不要凹陷，手与地面呈 45°，手心斜向上方，腕关节微屈，腕关节要低于肘关节。动作时，手从腹前抬起，至横膈膜处，然后，以肘关节为轴向右摆动，到身体右侧稍前的位置停住。多用于请人行进时指示方向用。

⊙直臂式：五指伸直并拢，掌心向上，曲肘时，由腹前抬起，肘关节伸直，与肩同高，向要行走的方向伸出前臂。适用于引导或指示物品所在之处。

⊙曲臂式：以右手为例，将五指伸直并拢，从身体的侧前方向上抬起，手臂高度在胸以下，然后以肘关节为轴，手臂由体侧向体前摆动。面向右侧，目视来宾。请人进门时可采用此方式。

⊙斜臂式：手臂由前抬起，再以肘关节为轴，前臂自上向下摆动，使手臂向下成一斜线。多用于请人就坐。

⊙双臂式：双手先叠放于腹前，然后抬至胸部以下，同时向身体两侧摆动。常用作“诸位请”的手势。

要注意的是，在招呼别人时，服务人员必须牢记两点：一是使用手掌，而不能仅用手指；二是要掌心向上，而不宜掌心向下。

2. 宾馆服务人员的礼仪规范

（1）仪容仪表。保持工装的整洁、整齐，勤洗澡、勤换衣，注意个人的清洁卫生；上班前不吃葱、蒜、韭菜等有异味、浓味的食物，不用刺鼻的香水，以清新的姿态出现在客人面前。

宾馆服务对员工的容貌、发型、面部修饰、指甲、首饰等都有一定的要求，以大方得体、淡雅自然为原则，杜绝浓妆艳抹、过分招摇。

> **提示**
>
> 在为客人服务时，还要注意恰当的手势运用及面部表情的配合，做到礼貌谦恭。

（2）举止仪态。要站有站相，坐有坐相，走有走相，给人以精神饱满，热情洋溢之感。

1）站姿。自然稳重，身体直立，挺胸收腹，双肩微微向后舒展，双臂自然下垂，双脚稍稍张开与肩同宽。

2）坐姿。大方得体，身体保持站立时的姿势，将双膝靠拢，两腿稍稍分开或不分开；或两腿上下交叠平放，脚尖悬空朝下。

3）走姿。上身保持站立姿势，双臂前后摆动，摆幅不超过 30°，步履轻盈，步伐大小适中，尽量走直线。不要左顾右盼，不要与人抢道。

（3）说话。要使用正确的礼貌称呼用语来称呼客人，如“先生”“女士”“夫人”等；见顾客时，要用敬语来问候客人，如“您早”“请问有什么需要吗”等。还要注意热情灵活，有礼有节。在尊重客人的同时要注意自己的人格尊严、民族尊严，不说有损于国格、人格的话，不说低三下四、献媚奉承的话。

相关链接

宾馆中不同岗位的礼仪

迎宾员。精神饱满，仪容端庄。主动热情地向来往客人致敬，为客人提供乘车、叫车服务；主动关心老弱病残宾客；主动帮助客人解决困难，不可故意回避。对来宾馆办理各种事务的人员应与住店客人同样对待，对宾馆的常住客或老客户，要尽量记住他的姓名和恰当的称呼。

行李员。仪表整洁，热情礼貌。主动向有行李的客人致意，如客人要自己携带则不勉强。接行李后应轻拿、轻放，及时检查、清点、核实，以免出现差错；在陪同客人办理入住手续时，应站立于客人身后约 1.5 米的位置，替客人看管行李。手续办妥后，主动替客人领取客房钥匙，送客人去房间。进房后，将行李放在行李架上，或是按客人要求放好，并请客人核实。帮助客人了解客房设施的使用办法。如客人无其他事情，则礼貌告别，不可故意留滞或索要小费。

前台接待员。仪表整洁，精神饱满，热情大方。应面带微笑主动问候客人，按规定为客人办理入住手续。礼貌地查验客人的相关证件，并表示谢意。当较多客人同时到达时，应按顺序办理入住手续，并招呼等待的客人，以示安慰。办完客人的入住手续后，应将相关事项逐一向客人陈述清楚，提醒客人有无贵重物品需要寄存，然后将钥匙递给客人或行李员，向客人道别。对无法安排住宿的客人，要解释原因并致歉。

客房服务员。仪表整洁，举止大方。打扫客房时，应尽量在客人外出时进行。进门前应先敲门，征得客人同意方可进房打扫。如果连敲三下，房内无人应答，可用钥匙打开房门，如客人正在睡觉，应立即退出，如无人则可开始打扫。打扫房间时，应将客人的物品放在原来的位置上，打扫时不得随意翻动客人的物品、文件。在通道与客人相遇应主动示意、打招呼，让道。

结账员。仪表整洁，服务热情。为客人结账时，应收款项须当面向客人说清，结账完毕后应向客人表示谢意。对客人的提问耐心解答，对一些客人提出的无法解决的问题，要委婉拒绝，尽量不要发生正面冲突。结账应迅速、准确，尽量减少客人等待的时间。结账客人较多时，应注意先来后到。

3. 导游的礼仪规范

（1）仪容修饰。保持头发清洁，梳理整齐，长短适宜，不搞奇形怪状的发型；早晚刷牙，饭后漱口，保持牙齿清洁，保持口气清新，带团时忌吃有异味的食物，随身携带口香糖，以备不时之需；保持面部清洁，女士略施淡妆，男士修剪鼻毛，不留胡须；保持手部清洁，不留长指甲，不涂有色指甲油。

（2）着装。朴素、整洁、大方、便于行走。带团时穿着不可过于时尚、怪异或花哨，以免喧宾夺主，使游客产生不必要的反感。衣裤应平整、挺括，特别要注意衣领、衣袖的干净。袜子应每天换洗，不得带有异味。男士不得穿无领汗衫、短裤和赤脚穿凉鞋参加外事接待活动。女士赤脚穿凉鞋时，趾甲应修剪整齐。穿裙装时，注意袜口不可露在裙边之外。

> **提示**
>
> 导游在室内不可戴墨镜，如有特殊情况非戴不可，应向游客说明原因。

（3）姿态。优雅大方，活泼稳重。

1）站姿。自然稳重，身体直立，挺胸收腹，双肩微微向后舒展，双臂自然下垂，双脚稍稍分开与肩同宽。

2）坐姿。端庄稳重。即便是在行进的汽车上，也应保持规范的坐姿，双手可搭放在座位的扶手上，或交握于腹前，或左右手分放于左右腿之上。双腿自然弯曲，男士两膝相距一拳为宜；女士双膝应并拢。切忌前倾后仰，东倒西歪。不高跷二郎腿，不以脚底示众，不随意抖动腿脚。

3）走姿。带团时，上体挺直，抬头含颔，收腹挺胸，身体重心略向前倾；双肩放松，两臂前后自然摆动；步幅适中、均匀，步位平直。行进中避免弓背、哈腰、斜肩、左右晃动、双手插袋、步伐滞重，更不得随意慌张奔跑。

（4）说话。得体、礼貌、谦恭。语言必须符合导游的身份，以真正体现对游客的尊重。在带团过程中，应多用敬语、服从语，以委婉、征询的句式与游客交流。在讲解时应充分考虑游客的文化背景、认知水平、兴趣爱好及职业特点等，决定讲解内容的取舍和表达的方式，以便于游客接受和理解。工作中，要处处体现对游客的关怀和尊重，以为游客服务为宗旨。

相关链接

导游服务时的规范

⊙每天首次见到游客，应主动问好，问好时要面带微笑，语气热情。

⊙不主动与游客握手，但游客先伸手，应友好握手，不得拒绝。

⊙尊老爱幼，主动给予照顾。

⊙在旅游车上讲解时，要面对游客，不宜背对游客。

⊙游讲解时，声音要高低适中，语气要亲切自然，表情要自然大方；若借助扩音器，音量、距离要适当，话筒不宜挡住嘴部。

⊙讲解时，不得抽烟，不咀嚼食物，不指手画脚。适当运用手势，但动作不宜太大，更不要手舞足蹈。不使用不恰当、不优雅的手势动作；清点人数时，不得用手指着人数数。另外还应注意运用手势等动作时，要考虑游客的文化背景及风俗习惯，以免招来不必要的麻烦。

⊙游客提问时，要耐心听取，及时解答，不可置之不理。如果自己正在说话或讲解时，可示意稍等，讲完后再解答。

⊙不背后批评、议论旅游团内的任何人；不询问游客的年龄、收入、婚姻状况、家庭、个人履历等私人问题。

1. 判断对错（将判断结果填入括号中，正确的填“√”，错误的填“×”）

（1）作为办公室工作人员，在完成工作之余，可以玩玩游戏，打打私人电话或长时间与其他同事聊天。（　　）

（2）在车间里，不能高声呼叫他人。（　　）

（3）导游只要不是在向游客讲解时，可以放松自己，随意采用喜欢的坐姿。（　　）

（4）宾馆服务人员面对顾客的无理要求应委婉拒绝，不应发生正面冲突。（　　）

2. 案例分析

某家大型酒店的服务员，早晨向一位客人问候了三声“先生，您好”，没想到却被这位客人投诉到总经理那里。原来，那位客人有早起散步的习惯。当天，他出门散步时，服务员问了一声：“先生，您好。”散步回来进门时，服务员又问了一声“先生，您好。”上电梯时，服务员问了第三声“先生，您好。”面对如此礼遇，客人反而向酒店总经理投诉。原来，服务员在问好时，态度刻板，脸部表情僵硬，缺少情感，让人心里不舒服。

【问题】

（1）如果你是酒店的服务员，你觉得该如何问候客人？

（2）在接到客人的投诉后，你应该怎么做？

3. 综合训练

每五人为一个小组，分别扮演办公室工作人员、车间工作人员、商场营业员、宾馆服务人员和导游，介绍自己模拟行业的礼仪，其余小组成员为其打分，并提出意见和建议。

参考答案

1. 判断对错

（1）×；（2）√；（3）×；（4）√

2. 案例分析

略

3. 综合训练

略

第三讲　会 议 礼 仪

故事品鉴

小薛是某公司总裁办公室文员。有一天上司告诉她，两天后有一个团队来公司参观，共50余人，带队的是某公司总裁，对方希望参观后借用公司会议室就地开一个季度工作会议。上司要求小薛全权负责该团的会务服务和招待宴请等相关工作。接到任务后，小薛急得团团转，过去只是跟着上司接触过这方面的事，要独当一面还有很多细节不清楚。会议室位次如何排？宴会该用什么酒水？一桌点多少菜合适……小薛边准备边请示上司。

这一天，客人如约而至，参观顺利结束后客人一一进入会议室。会议开始了，当主持人开始讲话时问题随之发生——扩音器不响。这可急坏了小薛，赶忙找到内行调了足足20分钟才解决问题。为此，晚宴时小薛的上司向对方表示歉意。

事后，尽管上司从总体上给了小薛很多鼓励，小薛还是感到是自己工作不细致耽误了对方的时间，主动要求扣发本月奖金。

点评

我们经常遇到会议期间扩音器出现问题的情况，有时耽误时间，有时影响效果。正确的做法：一是相关人员平时对扩音器要注意维护；二是会务人员会议前一定要试一下，发现问题及时解决；三是如有条件，会务人员要掌握扩音器使用的基本要领。

会议是有组织、有领导的民主协商和决定某些事项的临时性集会，是人们的一种活动方式。随着社会的飞速发展和信息量的不断增长，会议已成为现代社会开展政务、经济、文化及其他活动的一种重要方式。

会务接待服务是典型的社交礼仪活动，会务人员务必以礼待人，体现素养。在仪表上，面容整洁、衣着得体、和蔼可亲；在举止上，稳重端庄、风度自然、从容大方；在言语上，音调适度、语气温和、温文尔雅。

> **提示**
>
> 不同国家和地区对颜色的取舍是有讲究的，准备会议时要了解清楚，以创造适合与会者风俗的气氛。

本讲所指会议礼仪是广义上的会议礼仪，包括：会务礼仪、宴会礼仪和舞会礼仪。

一、会务礼仪

出色的会务礼仪是会议成功的重要组成部分，主要包括以下 8 个方面。

1. 会议场景布置（见图 3—4）

图 3—4　会议现场

场景布置要突出以“人”为中心。一般中型以上的会议应有背景板、主席台，重大会议、体育盛会应有会标等。背景板的颜色要烘托主题，红色显喜庆，蓝色显素雅，黄色显活力。会场布置线条要简洁、空间要宽敞。会标要体现会议的主旨、举办地、举办时间，国际会议要注明举办国（地区）等。

2. 席位安排

席位安排是会务礼仪的重点。一般分大、中小型会议布置会场。

（1）大型会议主席台的排列。大会的席位分主席台席和观众（代表）席。当主席台人数较多时，可设立一排以上的主席台，领导或嘉宾分排就座。以面向台下来看，当主席台第一排人数为单数时，1 号人员居中，2 号人员在 1 号人员左手位置，3 号人员在 1 号人员右手位置，依此类推。当主席台第一排人数为双数时，1 号、2 号人员之间的中心点即为主席台的中心点，1 号人员在中心点偏右的位置，2 号人员在中心点偏左的位置，3 号人员在 1 号人员右手位置，4 号人员在 2 号人员左手位置，依此类推（见图 3—5 和图 3—6）。其中，1 号人员、2 号人员、3 号人员等根据不同国家、不同场合的习俗和规定来确定。我国的公务会议场合，一般以参会者的职务高低和任职时间的长短（或身份）来排序，以左为尊；国际会议以右为尊，人员次序根据会议性质确定排序。如 G20 峰会（全球 20 个主要发达国家和发展中国家就全球金融经济合作举行的最高领导峰会），其排序一般为：1 号人员是当届东道主国的领导，东道主国右手的 2 号人员是下届东道主国的领导，3 号人员是上届东道主国的领导，其他人员的排序则又有一些惯例做法。

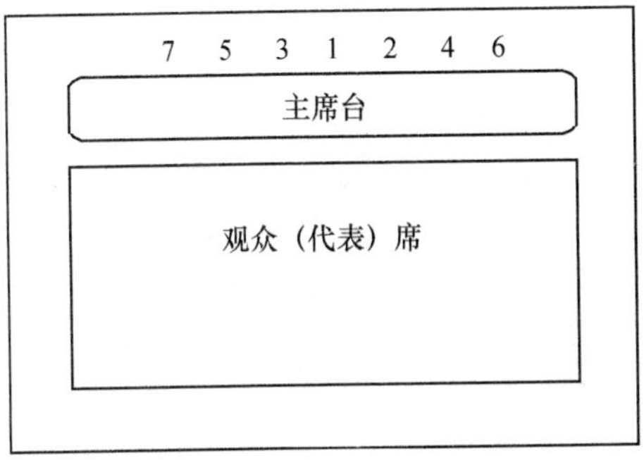

图 3—5　主席台人数为奇数时

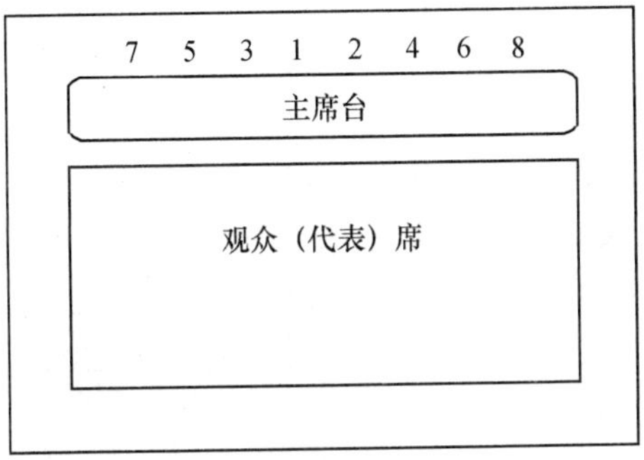

图 3—6　主席台人数为偶数时

大会如有发言的要准备“发言席”席卡，会前摆放到位。发言前 2 分钟，请发言人员到达主席台后面靠近发言台的一侧，准备发言。

（2）大型会议观众（代表）席的席位安排。一般情况下，嘉宾人数较多，其席位可以排成多排，以第一排为尊贵，从前往后依次排列。第一排的席位以中间最为尊贵，依我国传统，一般由中间按左高右低顺序往两边排开，即第二尊贵的客人排在最为尊贵者（有时是主人）的左侧，第三尊贵的客人排在最为尊贵者的右侧，依此类推。若人数正好成双，最为尊贵者在中间左侧，第二尊贵的客人在中间右侧，也依此类推。

> **提示**
>
> 大型会议的代表席布置可划分为代表席、列席代表席、特邀代表席、记者席等。

（3）中小型会议的席位安排。一般中小型会依椭圆桌或长桌列座，双方人员各自在桌子的一边就坐。根据会议室门的朝向，分竖式和横式两种（见图 3—7）。

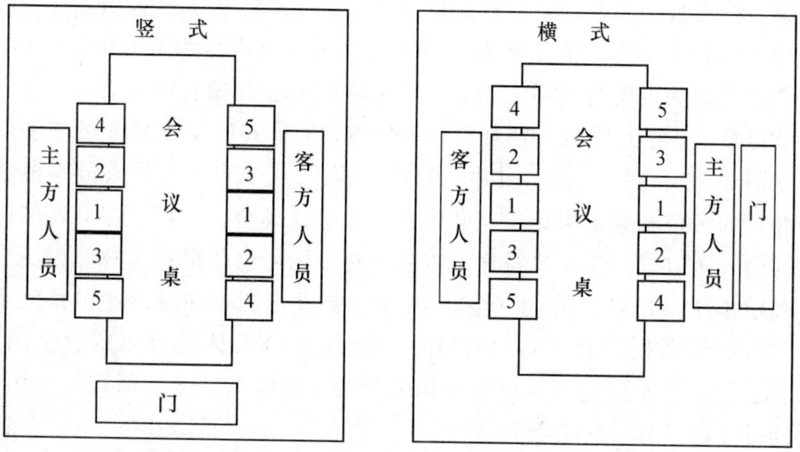

a)　　b)

图 3—7　长桌会议座次

a）竖式　b）模式

有的小型会议或多边会议在圆桌会议室举行。圆桌会议并没有主席位置，也没有随从位置（见图 3—8）。

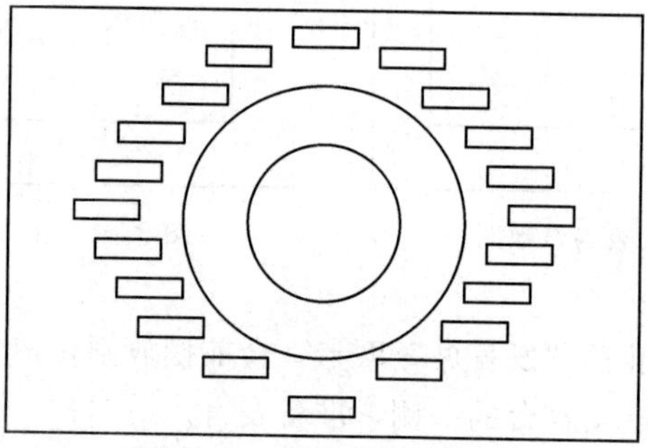

图 3—8　圆桌会议示意图

此外，中小型会议场所的布局可以有很多种（见图 3—9 所示），主要依据会议的需要和场所的现有条件。

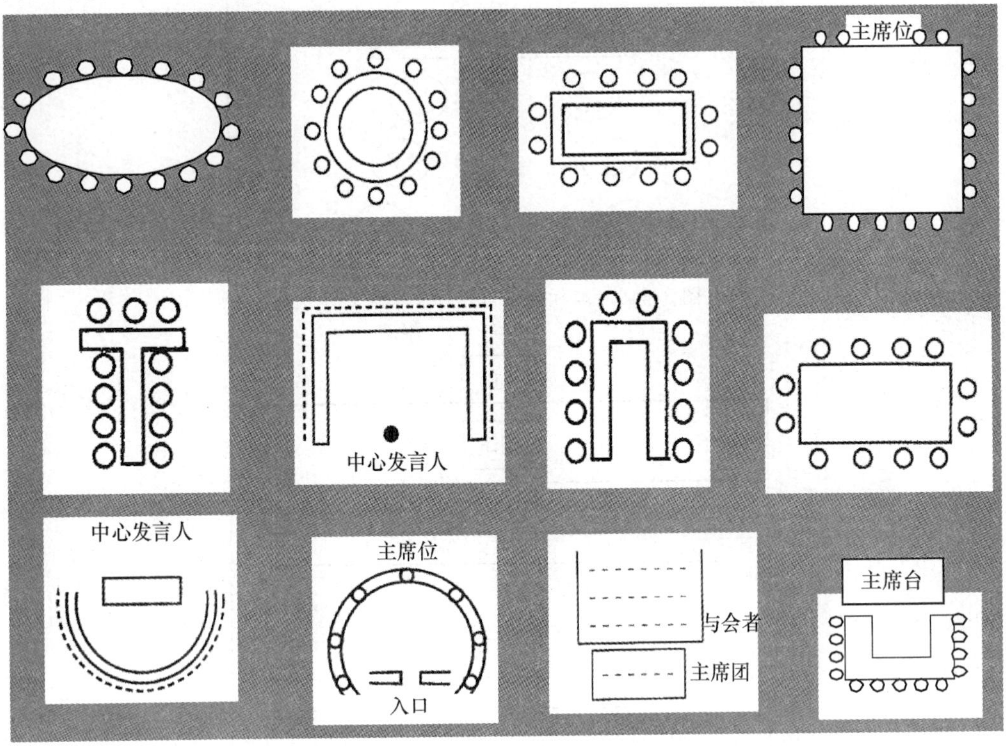

图 3—9 中小型会议场所的布局

目前国际会议流行右高左低，因此在商务会议活动中，尤其在涉外会议活动中，应该遵循“以右为尊”“以前为贵”“中间高于两侧”的基本原则，安排嘉宾就坐和站立的次序。涉外会议需要用翻译的，主人会见客人的可直接在会客室沙发上进行，双方主谈人在中间长沙发就坐，主左客右，翻译在主谈人后面，双方其余人员分坐两边（见图 3—10）。正式会议可按长桌会议要求布置，如图 3—11 所示，会议桌在中间，A1～A7 是主人的位次（一般正对门而坐），B1～B7 是宾客的位次。翻译各自坐在主人或宾客的后面。

3. 场地设施设备和会议用相关物品的准备

各类会议都需要相应的用品和设备，包括文具、桌椅、茶具、扩音设备、照明设备、空调设备、投影和音像设备等。同时还要注意会场隔音效果和采光通风是否良好。其中礼仪方面的重点是要求文具、茶具、桌椅等的正确摆放。

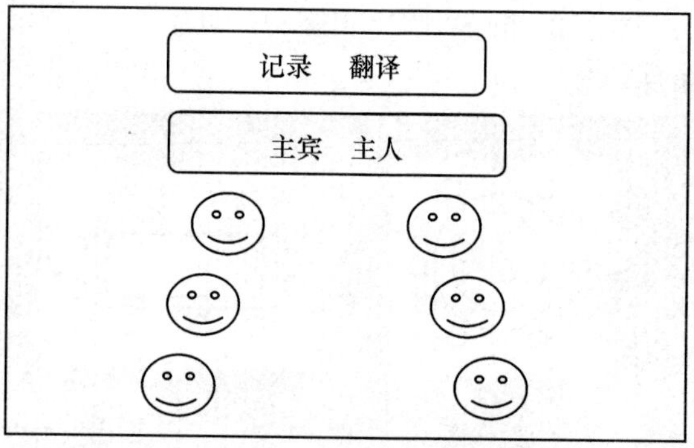

图 3—10 国际会议（常用于会见）座次

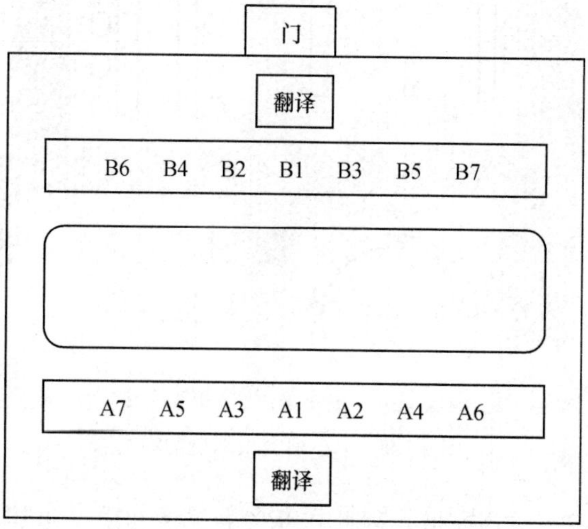

图 3—11 国际会议座次

提供给参会人员使用的文件和铅笔摆放时的一般要求是：文件夹离桌边 1.5 厘米；铅笔表面有中文字的一面朝上、笔尖向上、离桌边 1.5 厘米、离文件夹 1 厘米，铅笔也可以放在会议记录纸上，按 45°斜放（见图 3—12）。

杯垫在文件夹右上方 2 厘米处、图案正对客人；盖杯的杯柄朝客人右边 45°或 90°；会议桌上所有杯子的杯柄成一条直线。

有的会议放小毛巾、水果，毛巾应放在毛巾篓中、开口方向朝右、毛边朝下；果盘放在文件夹的左边、离桌边

提示

音响设备若在室内使用，功率可小些，户外使用的功率要大些；立式麦克风的高度要及时调整，不要超过讲话人的肩膀，以方便发言人讲话，并从正面不阻挡讲话人的脸部。

图 3—12　会议桌椅、茶杯等物的摆放

5 厘米、离文件夹 2 厘米；水果叉放在果盘的右 1/3 处。

座位离台布 1 厘米、正对文件夹，所有椅子成一条直线。

有些会议安排茶歇。会议茶歇对于一般的大型会议而言不需要，中小型会议，特别是公司或者组织高层会议，会间茶歇是很重要的。茶歇就是为会间休息时调节气氛而设置的小型简易茶话会。通常，茶歇的准备包括点心要求、饮品要求、摆饰要求、服务及茶歇开放时间要求等，一般不同时段可以更换不同的饮品、点心组合（见图 3—13）。

想一想

茶歇对会议的积极意义有哪些？

图 3—13　会议茶歇准备

4. 会议代表的迎送

要准确掌握来宾到达和离开的时间，提前到达迎接地点，不能太早，更不能太迟，甚至迟到；对大批客人的迎接，可事先准备特定的标志，让客人从远处即可看清。送行人员则应在客人离开之前到达送行地点。

5. 续水服务

续水时根据会议桌的布局，可以站在会议桌前，也可以站在客人的右后方，一手拿热水瓶，一手拿茶水杯，茶水杯的盖子不能正面朝上放在桌上（不卫生），茶水量为八分满，茶水不能滴洒，操作声音要轻（见图 3—14）。

图 3—14 续水服务

6. 物品寄存

有些小型会议室配衣帽间，供客人寄存衣帽、箱包等。服务人员要用礼貌用语主动征询客人是否需要寄存。客人寄存物品时要提醒客人，贵重物品请自己保管好；在核对衣帽牌后，一个牌子给客人，另一个牌子系在寄存物上。会后客人凭牌领取。

7. 会议相关仪式服务

有的会议有特定的仪式，需要礼仪服务。

（1）颁奖仪式。一般有颁奖仪式的会议会前应对领奖仪式进行彩排。要确定每批领奖人数。按照颁奖者的人数，确定每批上台领奖的人数，要注意领奖人数一般不要超过颁奖者人数，尽量避免一位颁奖者同时颁发 1 个以上奖项，减少失误的可能。

正式上台领奖前，领奖人员由相关人员引导走上主席台，走到对应的颁奖者面前，领奖人员面带微笑从对应的颁奖者手中领奖，领奖后，向后转向台下，停顿5～8秒钟，展示奖品，让摄影摄像记者摄影摄像。然后，从另一侧回到座位上。

（2）签订责任状仪式。会中要签订责任状的会议，要事先通知参加签状人员。开会时将签状人员安排靠前，相对集中就座，便于组织签状；准备好责任状、签状桌椅、“签状席”卡、签字笔；抬签状桌的人员要统一服装；签字桌的座位面对正门，主左客右，签字时助签人员站立两侧，字签完后交换文本、相互握手。签状时乐曲配套，音量适中。

8. 会后整理

会议结束后应整理会场。资料、礼物、受托物交给对方，并向出席人士表示谢意等。

练一练

请按下题中给出的素材，设计所需要的礼仪服务内容。

某省召开职业教育课程改革研讨会，参会的代表共 120 人。会议组织方有 5 位领导参会，并由 1 位领导发表主旨报告；会议拟邀请分别来自德国、新加坡、以色列的 3 位专家进行大会发言；会议形式为先大会交流、后分 4 个小组进行讨论；会议时间 1.5 天，提前半天报到。会议早、中、晚提供工作餐，其中有一次晚宴以中餐形式答谢各位专家。

二、宴会礼仪

宴会礼仪包括就餐形式、场景布置、桌次、座次、菜单以及入、离席服务等。

1. 就餐形式

宴请总是通过一定的形式来完成的。宴请形式有宴会、招待会、茶会、工作餐。目前接待来宾最常用的有两种宴请形式：正式宴会和招待会中的冷餐（即自助餐）。以下主要介绍宴会礼仪。

2. 宴会厅的场景布置

宴会厅的布置取决于活动性质和形式。正式宴会的现场，应布置得庄重大方。中餐宴会的餐桌一般用圆桌。要把主宾入席与退席的通道留得大一些。西餐宴会一般使用长台，台子的大小和台形的排法，可根据宴会的人数、宴会厅的大小和形状等来安排。台型要做到尺寸对称、出入方便、图案新颖。椅子之间的距离不得少于 20 厘米，餐台两边的椅子应对称摆放。

中、西餐的布局都要尽量利用灯光，力求桌面光线明亮柔和，不要用红绿灯、霓虹灯装饰，可以少量点缀鲜花。正式宴会通常有主席台，要做背景板，没有主席台的要在主桌后面重点装饰。主桌设服务桌，其余酌情而定。

宴会厅台布、椅套、口布、筷套的选择都有讲究，要点是清洁、整齐、颜色协调鲜亮、款式新颖（见图 3—15）。

图 3—15　台布、椅套、口布、筷套的选择

3. 中餐桌次、座次原则

按照我国惯例，中餐的桌次和座次遵循职务原则和“先朋友，后亲戚，再宗族”原则。公务宴会一般以职务高低安排席位，职务高者居上，低者居下；在一般的中式宴会中，特别是家庭宴会，以年龄长幼为序。此外，在具体安排座次时，还应考虑其他一些因素，如客人之间是否熟悉、关系是否密切、语言是否相通、兴趣爱好是否相投等，总之，还应根据实际情况，灵活安排。

（1）正式宴会桌次的排列。主桌位置圆厅居中为上，横排以右为上，纵排以远（距离门的位置）为上，有讲台时临台为上。其他桌的位置，以离主桌位置远近而定，近高远低，右高左低。桌数较多时，要摆桌次牌（见图 3—16～图 3—19）。

（2）正式宴会座位的排列。通常安排每桌 10 人，来宾的位置以离主人座位的远近而定。我国习惯按客人本身职务排列，以便于谈话。座位的排列原则是：面门居中位置为主位；主人右侧的位置是主宾位；主左宾右分两侧而坐或主宾双方交错而坐；越近首席，位次越高；同等距离，右高左低。

当一位主人宴请时，主要是照顾好主宾。主人坐主位，主宾坐主位右手位置，其他的随员和宾客可以对面坐也可以交错坐。两位主人宴请时，第一主位为面门位置，第二主位为背对入口位置。1 号、3 号客人分别坐第一主位右手和左手，2 号、4 号客

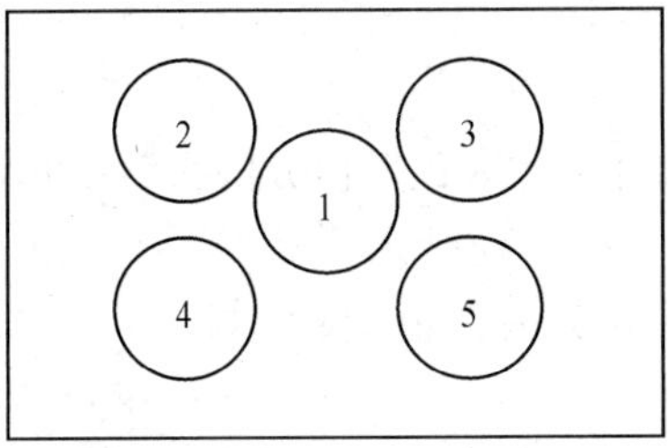

图 3—16　5 桌宴会桌次布置

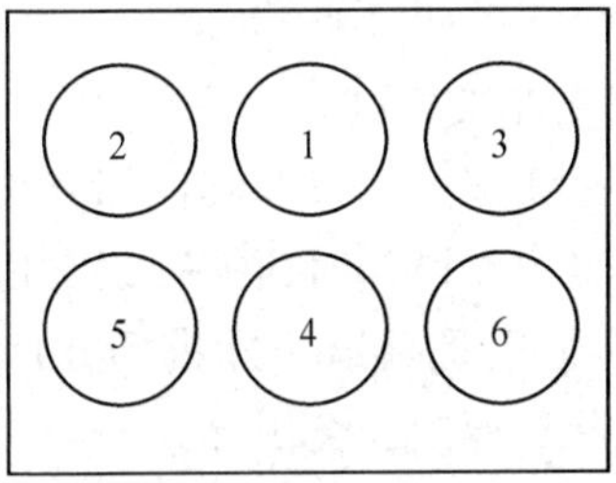

图 3—17　6 桌宴会桌次布置

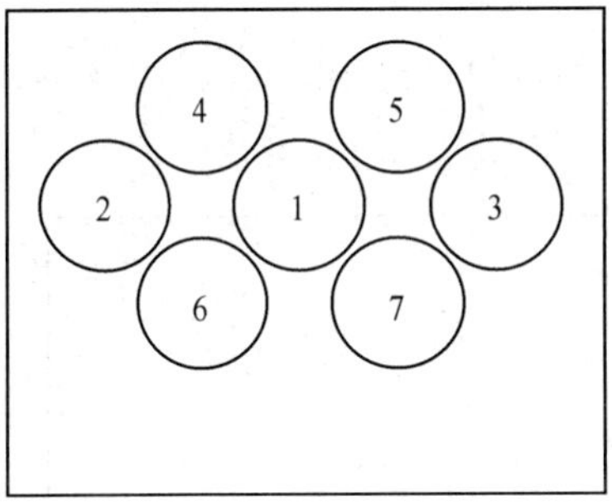

图 3—18　7 桌宴会桌次布置

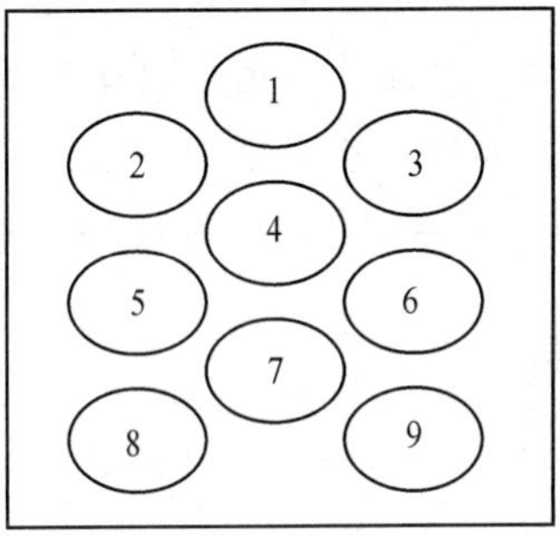

图 3—19　9 桌宴会桌次布置

人分别坐第二主位右手和左手，其他客人位置类推（见图 3—20）。

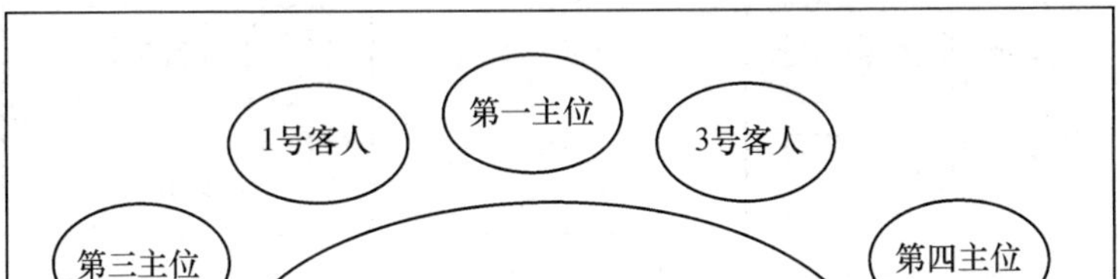

图 3—20　宴会座次示意图

4. 西餐座次原则

西餐是我国人民以及其他部分东方国家和地区的人民对西方国家菜点的统称，广义上讲，也可以说是对西方餐饮文化的统称。我们所说的“西方”习惯上是指欧美国家和地区，代表的有英国、意大利、法国、德国、美国等。

> **想一想**
>
> 桌次、座次正确排列的意义是什么？

西餐座次的原则：女士优先，女主人主位，男主人第二主位；恭敬主宾，男女主宾分别靠女男主人；以右为尊，男主宾坐于女主人右侧，女主宾坐于男主人右侧；距离定位，距主位越近，地位越高；面门为上，面对门口高于背对门口；交叉排列，男和女、生人和熟人交叉坐（见图 3—21、图 3—22）。

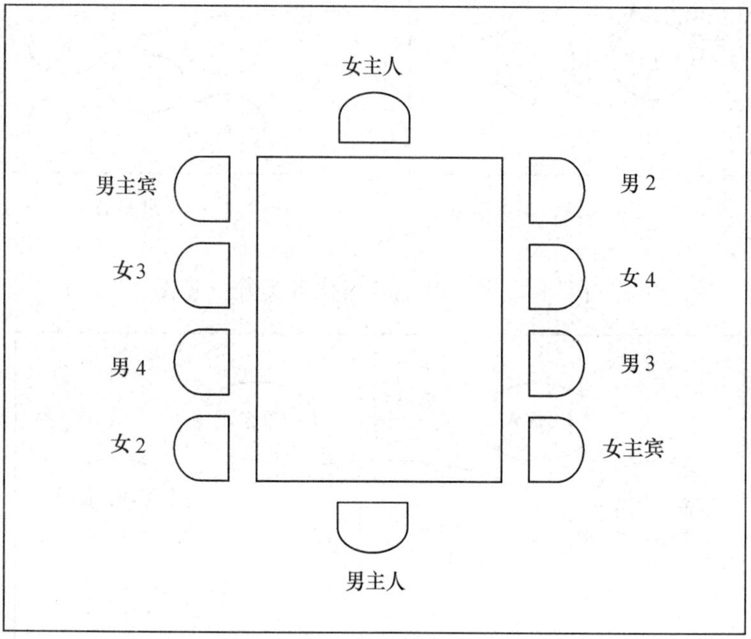

图 3—21 西餐宴会厅座次 1

5. 菜单

菜单要体现民族特色、地方风味、节令时尚、招牌菜肴、客人喜爱的菜肴等。上菜时不上禁忌菜。如回民不吃猪肉；蒙古族忌食虾、蟹、鱼、海味等；犹太人不吃猪肉、兔肉及禽类等；印度尼西亚人、马来西亚人不吃猪肉（信奉伊斯兰教）；阿拉伯

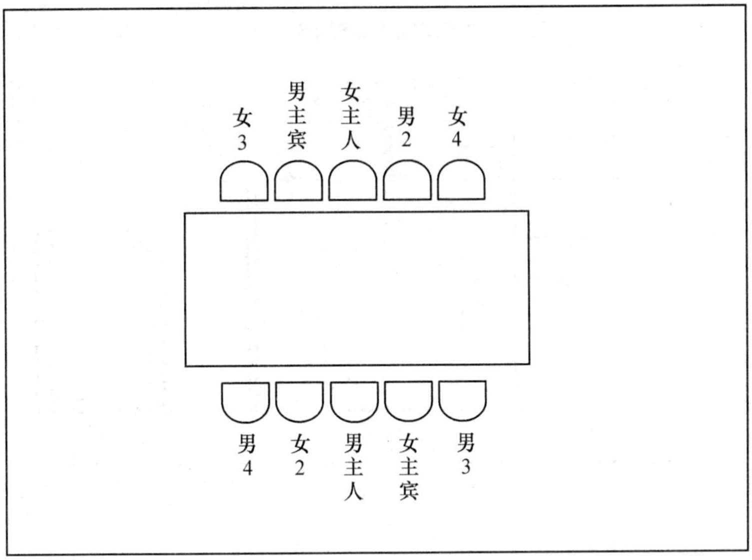

图 3—22　西餐宴会厅座次 2

人不吃猪肉、马肉、骡肉、驴肉，有的还不吃兔肉等。

6. 餐桌物品摆放

餐桌物品应根据宴会规模、宴请人数和菜的道数进行摆放。要准备足够的餐具，准备好各种酒具，备好酒水、茶、饮料、餐巾纸、水果、调味品等物品，根据菜肴的特色，准备好与菜式相配的佐料。

（1）中餐宴会桌面物品摆放。中餐宴会摆台时，餐具摆放大致可以遵循以下几个原则：先放骨碟，然后摆放其他物品；先放瓷器，再摆放玻璃杯及其他物品；先放低矮、扁平器具，然后放较高的餐具；先摆放个人餐具，再摆放公用餐具。摆放位置遵守规定（见图 3—23）。

（2）西餐宴会桌面物品摆放。西餐宴会摆台时，餐具包括刀、叉、匙、盘、杯、餐巾等。左叉右刀，摆放在主菜盘旁边。刀叉和汤匙依使用的先后顺序排列。最先用的放在离主菜盘最远的外侧，后用的放在离主菜盘近的内侧（见图 3—24）。

> **提示**
>
> 现代西餐采用分食制，菜肴以份（一个人的食用量）为单位，每份菜肴装在个人的餐盘中。
>
> 西餐服务讲究菜肴服务程序、服务方式、菜肴与餐具的搭配。

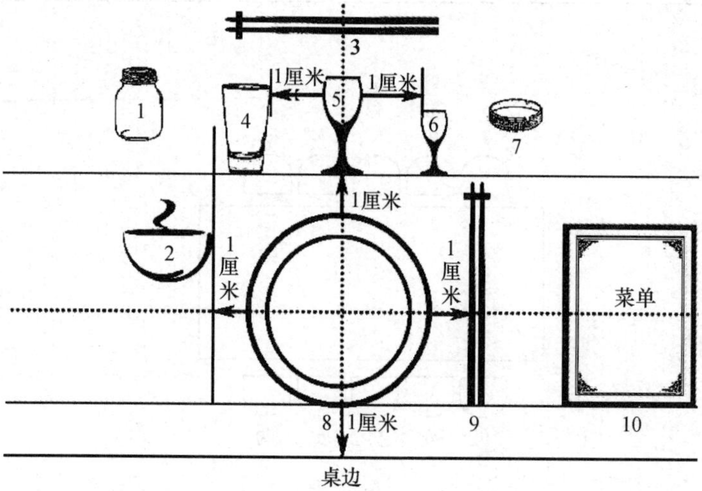

图 3—23　中餐宴会摆台

1—牙签筒　2—汤碗　3、9—筷子　4—水杯　5—葡萄酒杯　6—白酒杯　7—烟灰缸　8—主盘与骨碟　10—菜单

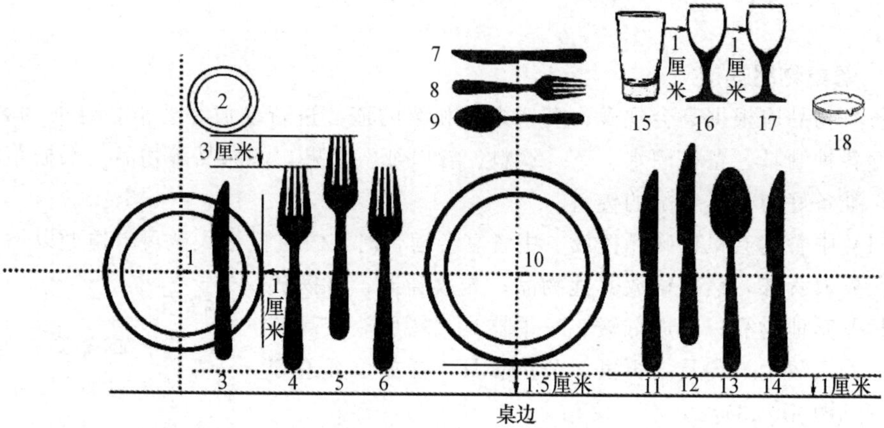

图 3—24　西餐宴会摆台

1—面包盘　2—黄油盘　3—黄油刀　4—开胃品叉　5—鱼叉　6—正餐叉　7—水果刀　8—水果叉　9—点心匙　10—餐盘　11—主菜刀　12—鱼刀　13—汤匙　14—开胃品刀　15—水杯　16—红葡萄酒杯　17—白葡萄酒杯　18—烟灰缸

7. 迎宾

宴会开始前，迎宾员提前在宴会厅门口迎候来宾，服务人员站在各自负责的餐桌

旁准备服务。

8. 入席

服务人员应为来宾拉开座椅，协助来宾入座。待来宾就座后，服务人员还要协助来宾摊开餐巾，轻放于来宾膝盖上。需要时，服务人员还要及时为来宾奉上热茶，并根据季节奉上热或冷毛巾。

9. 斟酒

中餐的酒杯是玻璃杯或陶瓷杯，式样繁多。为客人斟酒时，一手握瓶，一手侧扶，面带笑容。斟酒的种类和多少要征求客人的意见，或按以下方式斟酒：啤酒宜斟满，让泡沫溢至杯口；甜酒至杯的八成；白酒至杯的三分之二。西餐酒杯有水杯、香槟杯、雪莉杯、红白酒杯、白兰地杯、波特酒杯，斟酒时先女后男，一般只能倒三分之一，最多应不超过二分之一，香槟可倒至三分之二。

10. 上菜顺序

（1）中餐的上菜顺序。

1）开胃菜：餐前的开胃小吃。

2）饮料、酒。

3）主菜（分冷盘和热炒）。冷盘根据人数多少确定，一般为4～8个种类一起上；热炒要一道一道上，道数通常是四、六、八等偶数，因为在中国偶数是吉数（好事成双）。在豪华的宴会上，主菜有时多达十六或三十二道，但普通的宴会是六道至十二道。中餐的上汤顺序各地习惯不一，有放在主菜之前的（如粤菜），也有放在主菜最后的。

> **想一想**
>
> 宴会上桌数很多时，各桌的每一道菜是否应同时上？为什么？

4）主食：米饭、面条、饺子、馄饨等，征求主宾的意见后定。

5）水果。

（2）西餐上菜顺序。

1）头盘：西餐的第一道菜是头盘，也称为开胃菜，如鱼子酱、鹅肝酱、色拉、果冻等。

2）汤：大致可分为清汤、红汤、白汤等几类。

3）副菜：品种包括各种鱼类、贝类和禽类。

4）主菜：肉、禽类菜肴，如猪扒、牛扒等。

5）甜品：如冰淇淋、点心、炸薯条等。

6）饮品：咖啡或茶。

11. 离席服务

主人宣布宴会结束时，服务人员要提醒来宾带好自己的随身物品，衣帽间的服务人员根据取衣牌号码，及时、准确地将来宾衣帽递给来宾；客人离席时，要为来宾拉椅，视具体情况目送或送来宾到门口，服务人员再次感谢来宾，并礼貌道别。

相关链接

宴会服务要注意在两方面下工夫：一方面要在餐饮产品、餐饮设备等硬件上不断开拓与改进，使宴会前准备工作更加充分；另一方面要不断了解客人的心理需求，加强服务素质和服务技能。宾客提出的问题要认真回答，从而和客人建立良好关系，帮助客人对宴会留下美好的印象；不能回答的问题应代客查询，不能胡乱作答。

三、舞会礼仪

舞会（见图 3—25），是现代生活中一项广泛开展的文明优雅的社交活动，有的会议也需要通过舞会提高会议效果。

图 3—25 舞会

1. 舞会场地的选择与布置

会议的舞会一般利用会议的休息时间专场举行，会务人员首先要确定舞会场地与参加舞会人数是否相适应，不能太拥挤也不能太大；其次要了解参加舞会男女人数的比例是否大致相等（必要时会议组织方会要求会务人员陪伴客人跳舞，也可以另外组织青年男女参加）。舞会的场地要宽敞一些，但也不能过大，人均 1 平方米最佳；地面要干净平整，勿过滑、勿过糙；布置要典雅、大方，灯光要柔和；场内应备有座椅；有条件的地方可在场地内放置酒水、饮料、点心、水果、干果、糖和毛巾（纸巾）等，供参加人员使用。

2. 舞会曲目的选择

舞曲是舞会的导向和灵魂，其选择要注意以下几点：一要从众，舞曲要适合大多数人的需要；二要交错，曲目安排应当有“快”有“慢”，可将不同风格、不同节奏的曲目穿插在一起；三要适量，正式舞会应印制曲目单，人手一份，曲目单上的曲目数量应与舞会时间相一致。一般《难忘今宵》或《祝你平安》等都可作为最后一支曲子。

3. 男士礼仪规范

（1）男士参加大型交谊舞会时，可以穿深色西服套装配黑色硬底皮鞋、深色袜子，扎领带或黑、白领结。

（2）特别注意个人卫生，头发整齐清洁。

（3）自己的第一支舞和最后一支舞必须和自己带去的舞伴跳，中间可以多换舞伴。公务活动中不要一连几支曲子都邀请同一个舞伴。

（4）邀舞的礼仪。通常男士应当主动走到女士面前（距女士 1 米左右之处）邀舞；舞曲结束时应当致谢并将舞伴送回原处；年长的女士和年轻的女士在一起时，应当先邀请年长的女士。如果女士邀请男士共舞，男士一般不得拒绝。

（5）跳舞时显示绅士风度。保持身体自然挺直和稳健，不要过于摇晃或将舞伴搂得过近、过紧。

（6）不要在跳舞时打探舞伴的年龄、婚姻状况等个人隐私。

4. 女士礼仪规范

（1）女士参加正式、隆重的舞会时，最好穿悬垂性好的飘逸裙装，配精致、合脚的高跟鞋或半高跟鞋。

（2）当有男士邀舞时，如果还没有别的舞伴则应当立即起身表示同意。如果已有舞伴预约这支曲子则应礼貌地解释并承诺一起跳下一支曲子。演奏同一支舞曲时如果拒绝了先来邀舞的男士，那么对后来邀舞的男士也应当拒绝。

> **提示**
>
> 无论男士还是女士，也无论参加什么舞会，都要特别注意：舞会前不要吃蒜、韭菜等带刺激气味的食品，也不要喝酒或大量吸烟，最好先漱口或刷牙，或嚼几片口香糖，否则满口异味会使你的舞伴难以忍受。

一般情况下，女士是不用主动邀请男士的，但特殊情况下，需要请长者或者贵宾时，则可以主动表达：“先生，请您赏光”或“我能有幸请您吗”。

（3）舞姿要优美大方，控制身体正直、平稳并与舞伴保持恰当的距离。

（4）感觉热时应当到洗手间整理仪表，不要当众化妆或“宽衣解带”，也不要当众解开束着或盘着的头发。

无论是会议、宴会还是舞会，服务人员都应自觉地照章办事。服务要求有变化时，要及时请示报告。服务人员不能向客人索要礼品，对方如主动赠送礼品应婉言谢绝，无法谢绝的，应上交组织处理。

1. 判断对错（将判断结果填入括号中，正确的填“√”，错误的填“×”）

（1）随着社会的飞速发展和信息量的不断增长，会议已成为现代社会开展政务、经济、文化及其他活动的一种重要方式。（　　）

（2）会务接待服务是典型的社交礼仪活动，务必以礼待人，体现素养。（　　）

（3）中、西餐的现场布局都要尽量利用灯光，力求桌面光线明亮柔和，可以用红绿灯、霓虹灯装饰。（　　）

（4）宴请形式有宴会、招待会、茶会、工作餐。目前接待来宾最常用的有两种宴请形式：正式宴会和茶会。（　　）

（5）舞会的场地要宽敞一些，人均 5 平方米最佳；地面要干净平整，勿过滑；舞场的布置要典雅、大方，灯光要柔和。（　　）

2. 应用练习

请根据大会、小型洽谈会和圆桌讨论会三种类型会议的需要，自行设计表格，并分别写出需要准备的设施设备和资料。

3. 综合训练（用角色扮演法完成下面的作业）

利用上课的教室布置一间由 20 人参加的国际商贸洽谈会会议室。会议双方各 10 人参加（提前准备参会人员名单及其职务等资料），会议要有背景板，需要配翻译、配衣帽间，安排茶歇。学员分别以会议服务人员、会议代表以及评委（评价学员的表现）的身份进行角色扮演，角色轮流变换，直到每个人都担当了 3 种不同的角色。

参考答案

1. 判断对错

（1）√；（2）√；（3）×；（4）×；（5）×

2. 应用练习

小型论证会需要准备的设论设备及资料如下：

关于《××公司××产品推销会方案论证会》需要准备的设施设备

序号	会议设施设备及资料
1	桌、椅、席卡、茶杯
2	白板及白板笔、板擦
3	签到簿、水笔
4	投影仪、笔记本电脑
5	会议议程、会议资料、白纸

3. 综合训练

略

第四讲　职场沟通礼仪

故事品鉴

小于和小张同在一家心仪的公司实习。小张希望有更好的机会展示自己的才干，用行动争取留用的机会。于是，他一直埋头苦干，连午休时同事们的聊天也很少加人。小于则不但工作积极肯干，同时详细了解部门领导和老总的人际风格、兴趣爱好、关注的问题，他精心设计的简单却有针对性的“问候语”总能派上用场，老总有时也会简单地与小于聊上几句。吃饭和午休时，他和同事们聚在一起，十分投入地谈赛事、谈股票行情。实习期满，老总通知人力资源部录用了小于。

点评

小张不懂得如何与上级和同事沟通错失机会，而小于则善于积极、主动、恰到好处地与上司沟通，并且与同事的相处和谐温馨。在业务能力不相上下的情况下，小于占得先机，成为胜利者。因此，我们应该掌握一些职场沟通礼仪，这样，个人的发展才会更好、更快。

当一个人进入职场后，就要和各种人打交道，如领导、同事、下属、同行等。在与各类人交往中，因各自利益有别、所处立场不同，往往对事物的看法有不同之处，冲突在所难免。于是，掌握一些有效的沟通礼仪就显得尤为重要。

一、与上级沟通的礼仪

一个人在职场，与上级的接触非常多，而你是否能顺利晋升，也与上级有着非常重要的关系。跟上级的关系处理不好，将会影响到你的情绪、表现甚至前途。因此，职场中人都应懂得一些与上级沟通、相处的礼仪。

> 提示
>
> 与上级有效沟通的态度：
>
> 坦诚而不虚伪；
> 尊重而不吹捧；
> 请示而不依赖；
> 主动而不越权；
> 自信而不自负。

1. 处理好与领导的关系

（1）做好本职工作。与领导的关系归根到底是工作关系，认真做好自己的本职工作，处处为单位着想，成为领导的得力助手，就会给领导留下好的印象。领导对你的印象好，跟领导搞好关系就比较容易。

（2）注意及时沟通。交往频率对建立人际关系具有重要影响，与领导的相处也是如此。如果采取对领导不交往或回避态度，就很难和领导在认识上取得一致，而没有一致的认识，相互之间的支持、协调、配合都大受影响。当然，缺乏沟通的关系也不会成为良性的关系。

（3）保持适当距离。与领导的相处要把握好距离。首先，即使你们私下的关系很好，在公开场合、在工作中也应有所避讳、有所收敛；其次，在了解领导的主要意见和主张时，不要事无巨细地了解他每一个行动步骤和方法措施的意图是什么，这样会使他工作起来很不方便；再次，不要使彼此的关系过于密切，过分亲密的关系容易使他感到你“目无领导”，也会使同事们对你不信任，可能还会导致有人暗中与你作对。

> 提示
>
> 作为一个好的下属应该做到：不冲撞上级；要了解上级的喜好和忌讳；上级有错时，不要当众纠正；上级理亏时，要给他留个台阶下；要与上级保持一定的距离，但要让他了解你的忠心耿耿；受了委屈不要到处声张。

（4）保持良好心态。不能将领导理想化，认为他是无所不能的，要知道他也是与你一样的普通人，同样承担着压力，也可能受私人生活的影响而情绪不佳。所以，他可能会无缘无故地发脾气，也可能会鸡蛋里挑骨头。保持自己良好的心态，多从他的立场上考虑，你和领导之间自然会建立一种和谐的上下级关系。

（5）维护领导尊严。作为领导，都希望下属对自己尊敬。想要处理好与领导的关系，就要处处维护他的面子，不使他难堪。唯有让领导感觉到你的尊重，他才会尊重你们之间的关系。

2. 与不同风格领导的沟通技巧

每个领导都有自己的性格、作风和习惯。认真仔细去揣摩，在与之沟通的过程中，针对不同的领导运用不同的沟通技巧，会取得良好的效果。

以下为几种领导的风格及与其沟通的技巧，见表 3—1。

表 3—1　与不同性格领导的沟通技巧

领导风格	沟通技巧
实干型	面对这样的领导，你只需工作脚踏实地、积极主动即可。这样的领导一般很严谨，与他相处尽量避免应付、逃避责任等。一定要让他看到你的成绩，因为在他看来，只有做出成绩，你才值得交往
自我型	这样的领导通常认为自己是对的，有着高人一等的心理。与他交往要避免与之对抗，平时接触的时候要多看对方的心情，说话要用建议的语气委婉地加以表达，如，“是否可采用这样的方式?”“我觉得应该向您反映一些情况。”“我想这样是否会更好些? 也许这些看法会对您的计划有所补充。”
互动性	这样的领导善于交际，喜欢与他人互动交流，喜欢享受他人的赞美。和这样的领导相处，要开诚布公地与其谈问题，不要私下议论或发泄不满情绪，要真心实意地公开赞美，而且要言之有物
猜疑型	这样的领导容易猜疑下属，从你是否准时完成工作到你是否每天有偷闲。和他相处，你要做到不给他猜疑的余地。对工作的具体计划，甚至每天都干了什么工作，你都要直接或间接地透露给他，让他对你放心是你与之相处的最好方法
工作狂型	这样的领导希望他的下属们整天开足马力，每天都要像他一样努力奋进。与这样的领导相处要讲究效率，无论说话办事都要条理清晰，不能拖沓、没有主见

案例

小黄是某公司的办公室文秘，在新年将近的时候，按照公司的惯例，她要给和公司有业务往来的客户寄明信片。可是小黄发现办公室主任交给她的名片中有地址已发生改变或已无业务往来的客户，就去提醒主任，这时主任正忙于手头的工作，不耐烦地说：“你别管，按照我给你的名片地址寄出去就是了。”

当小黄把打印好的明信片请主任过目时，主任却指责小黄将一些已经不是公司的客户打印在明信片上了。小黄当时觉得很委屈，想说出来又担心主任会给自己安一个“顶撞上司”的罪名，就忍住了。可事后，小黄心里一直觉得挺别扭，以致影响到了工作。

【问题】

1. 小黄在请示主任的时候出现了什么问题？

2. 小黄在被指责之后应如何与主任沟通？

3. 掌握与领导相处时的技巧

（1）与领导相处时要表现出礼貌。在各种场合见到领导时都要面带微笑，主动问好；如果不便打扰，可以用手势或点头致意；与高层领导对面相遇时应降低行走速度，向外侧让路并点头致意问候；当高层领导到办公地点视察或来问话时，要起身以示致敬；进入领导办公室应先敲门，应允后再进入，在得到允许后方可就坐，不要随便坐下，更不可翻动室内物品；与领导谈话时不可东张西望。

> **提示**
>
> 说服上级的技巧：
>
> 选择适当时机；
>
> 用事实和数据说话；
>
> 预测质疑，准备答案；
>
> 简明扼要，突出重点；
>
> 面带微笑，充满自信；
>
> 尊重领导决定。

（2）及时请示汇报。在工作的进程中，及时向领导请教和汇报有两个好处：一是让领导掌握你的工作进度，得到他的指点。遇到难题向领导请教，领导会帮你一把，给你增添一些资源、一些好点子。即使最后工作没有按预期完成，领导因为知道整个工作过程，也不会有太大的心理落差。二是显示出你对领导的尊重，以满足领导的成就感。

（3）行事不可越位，更不可喧宾夺主。虽然作为下级要积极表现、勤奋工作，但不可一味地突出自己。凡事不可“越位”，重要事项最好向领导征求意见，要知道，作为下级只有收敛和约束自己，才能与领导和谐相处。如果随领导外出，应事先了解活动的情况，衣着要与领导相配，切忌比领导的衣服、包等更名贵。

（4）不可聊对方的隐私。与领导聊天时，你可多了解领导工作中的性格、作风、习惯，但对他个人生活中的事情则不必过多了解。作为下级更不可窥视领导的家庭秘密、个人隐私。

（5）大方地坐在领导身边。在事先没有安排座次或某些较随意的场合，许多下级都喜欢坐在离领导较远的地方。也许有的人担心坐在领导旁边会被说成是拍领导马屁，其实不然。如果心地坦然，一个对自己的素质修养和业务能力充满自信的人是不怕同领导坐在一起的。相反，有了这种与领导面对面沟通与交流的机会，会促使领导更进一步地了解你。如果你总是怕人说三道四，远离领导，那你就永远无法引起领导的关注。

提示

与女领导聊天时，不可随便问候她的家人。许多大龄的女性领导都是单身，这种问题多数是她们忌讳的，除非她主动提起，否则不可多问。一般来说，与女性领导聊养颜养生的话题是不会出错的。

如何与领导搞好关系

根据心理学原理，以下建议或许会帮助大家与领导搞好关系，减少和避免不必要的矛盾。

⊙尝试接受与领导事实上不平等的现实，比尔·盖茨曾说："人生是不公平的，习惯去接受它吧。"所以，对人生的不完美应采取顺其自然的态度，把更多精力投入自己能做好的事情上，高质量履行自己职责，完成工作任务是与上司建立良好关系的前提，千万不要忽略了这一点。有的人通过消极怠工的方式来反抗领导，并不是明智的做法，反而容易和领导的关系进一步恶化。

⊙凡事多沟通，加强与上司之间的互相理解，减少可能的误解，在工作中要善于把自己的强项表现出来，让上司知道你有这个能力去很好地完成任务，让自己的能力得到肯定。记住：领导不是高不可攀的，有事情多和领导谈谈，领导会理解你的。

⊙学会换位思考，理解领导的苦衷，不要遇到什么事首先去抱怨领导的不对，做到领导理亏时给他留台阶，避免当众纠正领导的错误。对领导的期望别太高，尤其是有明显人格缺陷的领导，尽量积极配合其工作是上策。

⊙不要仅仅因为和领导关系不好而轻易跳槽，在跳槽前需要反思一下，自己的哪些认知和行为方式导致了目前的困境，会不会到了新单位，又遇到老问题？自查自省的良好习惯是会让人终生受益的。

二、与同事沟通的礼仪

在职场中，与同事相处得如何，直接关系到自己工作、事业等各方面的进步和发展。掌握与同事沟通的技巧，可以改善与同事的关系，有利于工作的顺利进行；反之，与同事关系紧张，则可能陷入举步维艰、众叛亲离的泥潭，妨碍工作的推进和事业的发展。

1. 与同事融洽相处的方法

（1）坦诚相对，互相尊重。同事之间在工作交往中，要坦白地讲出你内心的感受，不要对同事进行指责、抱怨、攻击或说教，这些都不利于同事之间正常的沟通，只会使事情恶化。

要互相尊重，只有给予对方尊重才会让沟通更加顺畅，若对方不尊重你时，你也要适当地请求对方尊重，否则很难沟通。如果自己说错了话，做错了事，要说“对不起”，要勇于承认错误。

（2）谦虚友善，有礼有节。在单位里说话态度要和气，要让人觉得有亲切感。说话时，不能用手指着对方，这样会让人觉得没有礼貌，甚至让人有受到侮辱的感觉。对于那些原则性并不是很强的问题，没有必要争得“你死我活”，如果一味好强，会让同事们敬而远之。不要当众炫耀自己，即使你再有能耐，在职场中也应该小心谨慎，要让自己保持清醒的头脑，不断提升自己的业务水平。

对同事和同事的朋友、客人都要热情友善，有礼有节。当同事不在时，应该客客气气地招待同事的朋友或客人。改日当你外出办事时，你的同事也会同样地对待你的朋友。

> **提示**
>
> 需要注意的是，赞美别人时要注意分寸，不要言过其实，否则容易让人产生虚伪、言不由衷的感觉，失去别人对你的信任。

（3）真诚微笑，赞美欣赏。真诚的微笑是一种令人愉快的面部表情，反映出自己心底坦荡，善良友好。待人真心实意而非虚情假意，使你在与同事交往中自然放松，不知不觉地缩短了心理距离，为深入沟通与交往创造温馨和谐的气氛。

人类本性中最深刻的渴求就是赞美，能够看到同事身上的优点，并及时给予赞美、肯定，对一些不足给予积极的、善意的鼓励，这是良好沟通的基础。不要在背后议论你的同事，要常常做“送人鲜花的人”，不要做“抛人泥土的人”。你这样做了，一定能得到同事的喜欢。

（4）求同存异，理解宽容。同事之间，由于经历、立场等方面的差异，对同一个问题往往会产生不同的看法，从而引起一些争论，一不小心就容易伤和气。因此，与同事发生分歧时要努力寻找共同点，争取求大同存小异，实在不能取得一致意见时，不妨冷处理，这样既可以让争论淡化，又不失自己的立场。

在与同事交往中，吃亏、被误解、受委屈的事总是不可避免地会发生。面对这些，最明智的选择就是学会理解宽容，一定要换个角度，站在对方的立场上为对方想想，理解一下对方的处境，千万不要情绪化。其实宽容了别人，就是善待自己，宽容往往折射出为人处世的经验、待人的艺术、良好的涵养。

（5）不说是非，受恩不忘。与同事相处时，应竭力避免在背后说别人的长短与是非，有时，言者无意，听者有心，不胫而走，往往会挫伤他人的自尊心。这些言论既没有意义又不负责任，而且会伤害同事间的感情。经常说长道短、搬弄是非，会让同事对你产生一种避之唯恐不及的感觉。

提示

需要注意的是，宽容也是有限度的，超过了限度，就是对同事的纵容，对同事的不负责。

在力所能及之处帮助了别人，不要总是记得自己帮了他什么忙，也不要总是挂在嘴上。而如果接受了别人的帮助，不要忘怀，要时刻记住他人的援助之情，适度地表示感谢。

2. 与不同性格同事沟通的技巧

与同事沟通的目的是为了更好地完成自己的工作，因此，无论对方的性格如何，都要想出相应的办法来面对。下面列举了几种性格及与之沟通的技巧，见表3—2。

表3—2　　与不同性格同事的沟通技巧

同事性格	沟通技巧
脾气急躁型	这种人往往有一颗简单而善良的心，他们眼里容不进沙子，却经常被事情的表面现象蒙住眼睛。对于这样的同事，要有包容、理解的心，相信他们并没有恶意。当他们冲你发火时，不要急着解释，等他火气消一消，然后再细细道来，用春雨润物细无声的办法使他认识到自己的错误，继而赢得他的信服
傲慢无礼型	这种人一般以自我为中心，自高自大，常摆出一副盛气凌人、唯我独尊的架势，缺乏自知之明。对于这样的同事，尽量减少与他相处的时间，在和他相处的有限时间里，言简意赅地说明你的用意和要求
沉默寡言型	这种人一般性格内向，不善交际与言辞，但并不代表他没话说。和他共处，要把节奏放慢，并仔细观察他的言行举止，寻找他感兴趣的问题和比较关心的事进行交流

续表

同事性格	沟通技巧
争强好胜型	这种人狂妄自大，喜欢炫耀，对于比自己强的同事非常看不惯，总想证明他比别人强。对于这种同事，要保持适度的谦让，也可以置之不理，让时间和业绩证明究竟谁强谁弱。在适当的时机也可以挫其锐气
工于心计型	这种人习惯将自己的想法和看法装在心里，在和别人交流的时候，他更多的是作为一个倾听者站在那里。他希望知道别人的特长和弱点，从而把竞争的主动权牢牢握在手中。和这种人交往一定要有所防范，更不要为他所利用
口蜜腹剑型	这种人“明是一把火，暗是一把刀”。碰到这样的同事，能避就避，能躲就躲。如果这种人打算亲近你，你应该找个理由想办法避开。如果实在要和他一起做事，不妨每天记下工作日记，为日后应对做准备
尖酸刻薄型	这种人和别人争执时挖人隐私不留余地，同时爱冷嘲热讽，让对方自尊心受损。对于这种同事，和他保持距离，不要惹他，听到一两句闲话也装作没听见，不闹不怒，由他而去
固执己见型	这种人一般观念陈腐，思想老化，但又听不得旁人的意见。对于这种同事，最好要有耐心，避免与其发生争执

3. 增进同事间感情的办法

（1）适度应酬。应酬是最能联系感情的办法。在社交中，应酬是一门人情练达的学问，它可以拉近彼此的距离，增进双方的感情。同事间的应酬很多，如结婚、升迁、生日等，面对这些应酬，一定要积极一点，因为这是增进同事感情的途径。另外，你也要主动筹划，多寻找一些机会、借口与同事来往，在沟通中学会应酬。

（2）馈赠礼物。从古至今，人们都以馈赠礼物的做法表达互相间的尊敬、祝贺、友好、感谢、慰问之情。礼物，作为情感的载体，已成为古今社会人们联络和沟通感情的主要方式之一。旅游、出差回来带个小礼品，答谢别人的帮助送个小礼物，都能传达出你的心意。所送礼品，不一定价值昂贵，重在情意。

> **提示**
>
> 同事之间的竞争不应该把对手理解为“对头”。当竞争对手强于自己时，要有正确的心态；弱于自己时，也不要张狂自负。

（3）善于倾听。善于倾听，不仅是关爱、理解，更是调和人际关系的润滑剂。很多时候，我们需要的往往是一方可以栖息心灵的芳草地。当同事的家庭、生活、工作出现麻烦，心情不愉快向你倾诉时，你一定要认真倾听，把自己的情感融入其中，成为同事最真诚的倾听者，这样会加深同事之间的感情。

（4）光明正大地竞争。同事之间毕竟存在着竞争关系，因此才华过人、锋芒毕露很容易让人感到受到威胁。所以，要处理好与同事的关系，就不要事事占尽上风，要用你的行为让同事感觉到你的存在不会影响他的地位，使他有安全感，这样，他就会认为你既是可靠的同事，又是忠实的朋友。即便有一天你确实对他构成了“威胁”，你也要让他明白，你们之间的竞争是以共同提高、互勉共进为目的的。

（5）发生矛盾，主动缓和。要化解同事之间的矛盾，就应该采取主动的态度，不妨尝试着抛开过去的成见，更积极、友善地对待他。如果问题比较严重，你可以主动找他沟通，心平气和地解释你的想法，让他知道你很看重你们之间良好的工作关系，了解结症之所在，并想办法消除误会。相信只要你真诚、善意地与他沟通，就可以与他重新建立良好的关系。度量大一点并不会使你吃多少亏，反而会使你有好人缘。

相关链接

新员工的沟通要则

1. 开朗的问候。当你到达单位时，如果有人比你早来，无论是谁，你都要开朗地道声“早”，下班时说声“再见”。就算这些人是保安、清洁工或其他工友也应如此。这会让你的新同事们记住你，并留下开朗的好印象，以后你有事相托就很方便了。简单的一句问候，会增进你的人际关系。不断训练自己真诚地问候，将会给你带来意想不到的收获。

2. 牢记同事的名字。在职场中牢记对方的名字是很重要的。如果你在上班的第二天就能准确无误地叫着他人的名字与他们打招呼，那你以后在工作中将会得到更多的帮助。相反，如果你在上班一段时间后还叫不出同事的名字，甚至连对方的姓都记错了，那你在工作中受挫的可能性也就提高了数倍。

3. 虚心请教。在平时的工作中，面对自己不懂的事情，要带着谦虚的态度向别的同事请教。请教同时也是一种很好的和他们沟通的机会，你与工作中其他人员的关系会更加密切。这样既解决了难题，又拉近了彼此的距离，从而有利于你的工作。请教，也是对人的一种尊重，有助于建立良好的人际关系。

4. 多说“谢谢”。维持良好的人际关系，表达感激最简洁的一句话是“谢谢”。诚恳地说声“谢谢”会带给对方最大的满足和感动。在职场上，往往越是亲密的人越不好意思说出“谢谢”，然而，不管你们的交情有多好，你仍应该注意礼貌，多说“谢谢”。

5. 少用“我”字。在职场上，“我”字怎么用，大有讲究。尤其是对于新员工更要谨慎。“我”字讲得太多，过分强调，就会给人突出自我，标榜自己的印象，这会在对方的心理上筑起一道防线，给人际交往设置障碍，进而影响交往的深入。因此，无论你做了多么重要的事情，在讲述时都要把表达的重点放在事件的客观叙述上，而不要突出做这件事的“我”，更不要让听这话的人感到你是在吹嘘自己、显摆自己。

6. 多观察，少开口。作为新进员工，刚开始没有多少可以深入交谈的说话对象，这很正常。人际关系需要渐进的、积累的过程，并不是速成的。因此，你不必对自己的“默默无语”而焦虑。工作时，除了按照单位规定的方式来做，你也需要思考出自己的意见。平时，你得多花些时间充分观察。有所感触，并勤于思考的人，才能成为专业的职场人士，才能在必要的时候说出得体的话。

7. 抓住机会向上级请教。作为新员工，如果你能够在很短的时间内获得上级领导的赏识，对你日后的发展至关重要。所以，你要学会和善于利用请教的机会，适当地展示你的能力。

三、与客户沟通的礼仪

在职场中，除了与上级、与同事沟通之外，有的岗位在日常工作中还会遇到一些普通客户，与他们的沟通是否顺畅，直接体现出你个人的修养、单位的形象，对工作能否顺利开展也有很大的关系。

1. 热情周到，讲究礼貌

客人前来时，应从座位上站起来，主动迎上几步，请客人进屋入座，为之倒上茶，双手递过去，说声“请用茶”。一般不要敬烟。碰到客人来时，自己忙于公务没有时间接待，则要礼貌地致歉并安排其他人代为接待或另约时间，不能以“我很忙”为由拒绝客人。客人告辞时，要起身将客人送到门口，礼貌地说“感谢您的光临”“欢迎您再来”“很抱歉没能帮上你的忙”等。

2. 问清对方的身份、来意

对第一次前来或者不曾预约的客人，可以委婉地问明身份和来意。如果对方是找自己办事的，应尽可能提供帮助，无法做到的要耐心说明情况，不可生硬地说一句“不行”，令客人难堪。如果对方找的人不在，也要礼貌地告知，可以主动请客人留下联系方式以及有何事宜，代为转告。切忌冷漠、急躁、粗暴、推诿。

提示

接待客人，要始终展现亲切的笑容。笑是最好的工具。一个由衷的笑容，可以与客人很好地沟通。

3. 要认真倾听对方的话

在客人讲话的过程中，正视对方，适时地以点头表示尊重，且一举一动都要表示你在认真听对方的陈述，必要时做好记录。切忌做与交谈内容无关的动作，如翻看报纸，写东西等，以免让客人有被怠慢的感觉。

> **提示**
>
> 接待客人时，不停地接听电话，打断对方的讲话都是一种不礼貌的行为。如有重要电话，应先向客人说“对不起”，在得到客人谅解后再接听，且要长话短说。

4. 不管出现何种情况，都要以礼相待

交谈过程中，不要随意打断、驳斥对方，不同意对方的观点，要克制情绪，委婉地表达自己的意见。如果交谈中出现某些使你为难的场面，可以直截了当地拒绝某一要求，也可以暗示自己无法做到，请求对方理解。但要注意方式和态度，尽量不要让对方认为你是瞧不起他或有能力而不愿帮忙。如果想结束见面而对方又未察觉，可以婉言告知，如“对不起，我还有个十分重要的会议”等，也可以用身体语言提示对方，如间隔性地抬腕看表。

相关链接

交谈的原则

要沟通，就要交谈，在与人交谈时应该做到以下几点：

⊙真诚坦率。交谈双方态度要认真、诚恳，要认真对待交谈的主题，坦诚相见、直抒胸臆、不躲不藏、明明白白地表达各自的观点和看法。真心实意的交流是自信的结果，是信任人的表现，只有用自己的真情激起对方感情的共鸣，交谈才能取得满意的效果。

⊙互相尊重。交谈是双方思想、感情的交流，是双向活动。想要取得满意的交谈效果，就必须顾及对方的心理需求——来自对方的尊重。所以谈话时要把对方作为平等的交流对象，在心理上、用词上、语调上体现出对对方的尊重，切不可盛气凌人、自以为是、唯我独尊。

⊙表情认真。在倾听时，要目视对方，全神贯注，不能东张西望，心不在焉。交谈时双方目光接触应该占总的交谈过程的一半以上，但并不意味着要目不转睛地盯着对方的眼睛，这样会让对方感到不舒服。

⊙适度回应。在听别人说话的过程中，不妨用“嗯”或“是”等词加以回应，表

示自己在认真倾听；自己接受对方的观点时，应以微笑、点头等动作表示同意。切不可身体后仰、抱着胳膊、跷着腿或歪着脑袋，摇头晃脑，这些动作容易使对方认为你对他有所防备或是对其意见不满意。

⊙言之有物。交谈的双方都想通过交谈获得知识、拓宽视野、增长见识、提高水平。因此，交谈要有观点、有内容、有内涵、有思想。正确反映客观事物，恰当地揭示客观事理，贴切地表达思想感情。空洞无物、废话连篇的交谈是不会受人欢迎的。

⊙言之有序。交谈要有逻辑性、科学性。思路要清晰，内容要有条理，布局要合理。切不可一段话没有中心，语言支离破碎，东一榔头西一棒槌，给人杂乱无章、言不及义、不知所云的感觉。

⊙言之有礼。交谈时要讲究礼节礼貌。讲话者，态度要谦逊，语气要友好，内容要适宜，语言要文明；听话者，要认真倾听，不要做其他事情。这样就会形成一个信任、亲切、友善的交谈气氛，为交谈的成功奠定基础。

1. 判断对错（将判断结果填入括号中，正确的填"√"，错误的填"×"）

（1）当高层领导到办公地点视察或来问话时，你应该坐在座位上点头示意。（　　）

（2）当你被同事误解时，应尽量宽容理解，而不应互相谩骂，以泄愤怒。（　　）

（3）在与人交谈时，你可以保持你认为令你舒服的任何姿势。（　　）

（4）如果有客户来联系工作，他要找的人不在，你可以主动请他留下联系方式，等同事回来时转告。（　　）

2. 案例分析

请分析下列一则案例，指出金芳和吴英各自的不足，并说说金芳应该怎样做才能使她和吴英的关系恢复到从前。

金芳和吴英是同事，也是一对形影不离的好姐妹。在一次合作共事中，两人意见向左，各执己见，当场争论起来，火药味颇重。事后，金芳认为这是正常的工作探讨，并未放在心上。可是，在以后的日子里，无论是在工作中还是私底下，她都觉出吴英对她的冷淡。金芳觉得很委屈，她不知道该怎样做才能使她和吴英的关系和以前一样。

3. 综合训练

请在双休日或假期里找一份适合自己的工作，除了认真做好本职工作之外，多注意和自己的领导友好相处，和自己的同事和谐共事，努力训练和提高自己的职场沟通能力。

参考答案

1. 判断对错

(1) ×；(2) √；(3) ×；(4) √

2. 案例分析

略

3. 综合训练

略